Simuler pour existér

Les Mondes de la Réalité Virtuelle

Abdelkrim Mebarki

Mentions légales / Droits d'auteur

A mes parents,
A mes frère et sœurs,
A mes enseignants, et mes étudiants,
A la personne qui m'a toujours soutenu et sans qui ce travail ne serait achevé... A mon épouse et âme sœur éternelle

Avant-propos

Cet ouvrage est le fruit de plusieurs années d'enseignement en master Imagerie et Vision Artificielle (IVA) au département d'informatique de l'université des sciences et de la technologie d'Oran (Mohamed Boudiaf) en Algérie. J'ai illustré et complété mes notes de cours afin d'élargir le spectre des lecteurs au-delà des étudiants de ce master. Je les ai enrichies avec plus d'exemples, plus de détails, et d'autres titres non traités dans le cours..

Les publications dans le domaine de la réalité virtuelle manquent souvent de bases et supports théoriques nécessaires et se focalisent sur la technologie. J'espère que ce modeste travail soit bénéfique et d'un grand intérêt pour les étudiants et les jeunes chercheurs, ainsi que pour le grand public souhaitant découvrir ce domaine dans ses bases, au-delà des illustrations et de l'utilisation finale des produits commercialisés.

TABLE DES MATIERES

I. Introduction

La simulation informatique et la réalité virtuelle sont devenues des mots clés en toute technologie nouvelle en termes d'information et de communication. L'histoire de l'humanité témoigne des tentatives continues de l'homme à automatiser des tâches et à gagner du temps dans ses activités quotidiennes pour arriver à ce que nous appelons de nos jours « la vie intelligente ». Ces tentatives tournaient toujours autours de ces réflexions à imiter les travaux des êtres vivants (les animaux et les phénomènes naturels) et d'imaginer des travaux et des processus nouveaux pour augmenter son confort.

Avec les progrès énormes en industrie, et la création du monde numérique par l'avènement de l'ordinateur, les limites de ses imitations et de cette imagination se sont rapidement et largement poussées au point que l'homme commence à rêver d'un monde virtuel, crée de toute pièce pouvant remédier à toutes les lacunes et les limites de son monde concret qui ne cesse d'être obsolète pour lui.

Loin des réflexions philosophiques, ce nouveau phantasme est en partie réalisé : Créer un monde virtuel qui simule notre monde et matérialise nos imaginations.

Dans cet ouvrage, je présente aux lecteurs, qu'ils soient des étudiants ou jeunes chercheurs cet univers qui est la réalité virtuelle dans son aspect technique : Les définitions de base, ses outils technologiques, les disciplines qui lui sont liées, et les premiers pas à franchir pour l'entamer en tant qu'utilisateur, ingénieur, ou chercheur. Cet ouvrage est organisé en sept chapitres :

Le premier chapitre définit les concepts liés à la réalité virtuelle et la situe dans les disciplines informatiques : La simulation, son lien avec la réalité virtuelle, l'histoire de la réalité virtuelle, ses domaines d'application et ses variétés.

Le deuxième chapitre présente les principes technologiques de la réalité virtuelle. Il s'agit de dresser une image qui couvre les différentes technologies liées à la réalité virtuelle et dont nous avons besoin pour situer la discipline dans la carte technologique actuelle.

Le troisième et le quatrième chapitre présentent les aspects structurels du monde virtuel. Une scène virtuelle est constituée principalement d'objets visuels qui doivent être modélisés et représentés en mémoire. Cette représentation définit les structures de données et leurs gestions.

Le cinquième chapitre est dédié à l'immersion visuelle. C'est la composante la plus importante dans le système d'immersion dans le monde virtuel, sans cette composante, les sons et les touchers n'auront aucune valeur significative.

Le sixième chapitre dévoile la deuxième composante du système immersif qui est l'haptique ou le toucher. Nous détaillons les principales techniques utilisées pour procurer la sensation du toucher à l'utilisateur dans sa navigation dans les scènes virtuelles.

Le septième chapitre introduit la notion du son tridimensionnel. Pour compléter l'immersion, nous devons générer un environnement sonore fidèle à la réalité traduisant les différentes caractéristiques des objets et des espaces.

Dans le dernier chapitre, nous présentons les normes liées à la réalité virtuelle et les formats électroniques qui y sont associés : VRML, x3D et les formats immersifs.

Ces différents chapitres synthétisent le concept de la réalité virtuelle (RV) dans ses aspects théorique, technique, technologique et applicatif, pour la virtualisation du réel et la réalité du virtuel, et ce, dans un objectif de simplifier aux scientifiques et aux amoureux de la science ce spectre de « la vie intelligente ».

II. DEFINITIONS ET CONCEPTS DE BASE

Dans la continuité des notions avancées dans l'introduction, nous allons définir les concepts qui seront présentés dans cet ouvrage, ensuite nous allons situer la réalité virtuelle dans son contexte actuel par rapport aux autres disciplines informatiques, ainsi que dans son contexte historique.

1. La simulation informatique

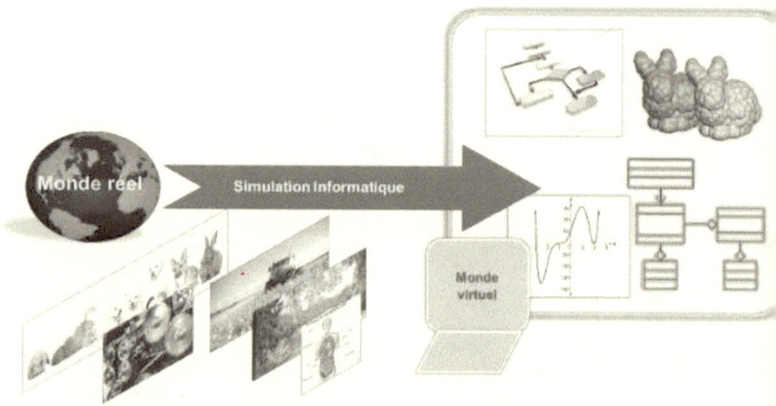

La simulation informatique est la génération d'une version numérique (Le terme « numérique » ici renvoi à tous ce qui est éligible par une machine. Cette éligibilité est souvent synonyme au fait que les données soient binaires, et donc numériques) par ordinateur d'objets physiques ou symboliques du monde réel, comme la modélisation des molécules chimiques ou les courbes de croissance d'une population. Cette simulation peut être bidimensionnelle, tridimensionnelle ou plus (multimédia). La simulation couvre donc une vaste

gamme de disciplines, allant des objets géométriques bidimensionnels simples, aux simulateurs de vols les plus complexes.
La simulation informatique désigne le processus de création de la version numérique lui-même, ainsi que le résultat de ce processus en même temps.
Si nous voulons formaliser cette notion, nous allons la définir par le pipeline suivant :

1. Définition du phénomène réel à simuler ;
2. Création du modèle numérique associé à la définition ;
3. Codage informatique du modèle numérique dans un ou plusieurs langages ou scripts.

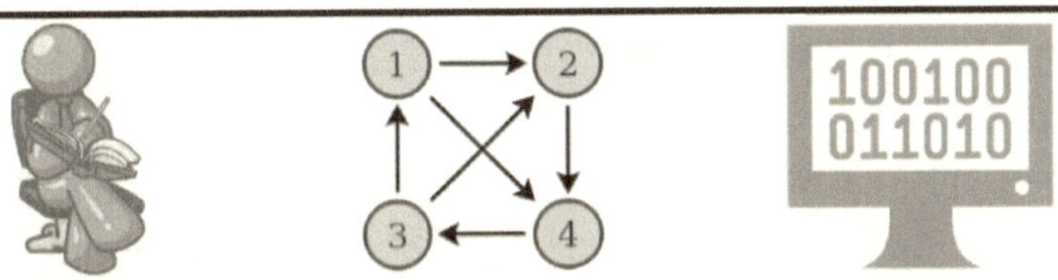

Comprendre   Modéliser   Reproduire

Figure 1 Pipeline de la simulation informatique : Comprendre le phénomène, le modéliser, ensuite le coder.

Ceci rejoint le pipeline classique en informatique :

1. Comprendre ;
2. Modéliser ;
3. Reproduire.

Le phénomène réel à simuler peut-être un objet physique ou une notion abstraite. Dans les deux cas, le concepteur de la simulation doit extraire spécifier les éléments du phénomène importants à tenir en compte lors de la création du modèle numérique.

Comme exemple du phénomène physique, nous citons un moteur mécanique. Le moteur réel est composé de pièces diverses de tailles et matériaux variés de couleurs différentes, graissées et pleins d'autres détails à considérer. Pour simuler son fonctionnement, nous n'avons besoin que de simuler des groupes de pièces avec les mêmes couleurs pour avoir un visuel identique à celui du moteur réel sans tenir compte des détails des matériaux.

La création du modèle numérique ou la mise en œuvre du prototype informatique est un processus qui prend en entrée les attributs retenus du phénomène réel, et de les formaliser suivant un langage formel donnée : mathématique, informatique, ou autre.

Dans notre exemple du moteur, le modèle numérique peut être les dimensions et attributs de couleur des différents groupes de pièces, ainsi que leurs coordonnées relatives permettant la liaison entre eux.

Le codage informatique ou l'écriture du code informatique est l'étape la plus facile et la plus délicate dans le processus de simulation. Elle est la plus facile parce qu'elle consiste à transformer un modèle numérique en code informatique, ce qui est relativement simple si le modèle est décrit formellement. Et elle est la plus délicate car elle nécessite de suivre le cycle de développement du génie logiciel partant de la spécification arrivant à la phase de test et de maintenance.

2. La réalité virtuelle

La réalité virtuelle est une simulation informatique interactive, immersive, visuelle, sonore et/ou haptique (Le terme « haptique » sera défini en détails plus loin dans ce livre, il renvoi au toucher, et à tout ce qui est contact physique avec la peau), d'environnements réels ou imaginaires.

En considérant la composante immersive (définie dans la section suivante), la réalité virtuelle ne peut être réalisée dans une dimension statique. Le dynamisme interprété sous forme de déplacements libres de l'utilisateur, d'affichage interactif et en temps réel des images, de génération de sons suivant le contexte, est une composante essentielle qui ne peut être contournée ou dépassée. Ceci implique un contrôle dynamique des vues par l'utilisateur où il peut déterminer par son mouvement et par ses gestes et postures l'affichage et la sonorisation de la scène.

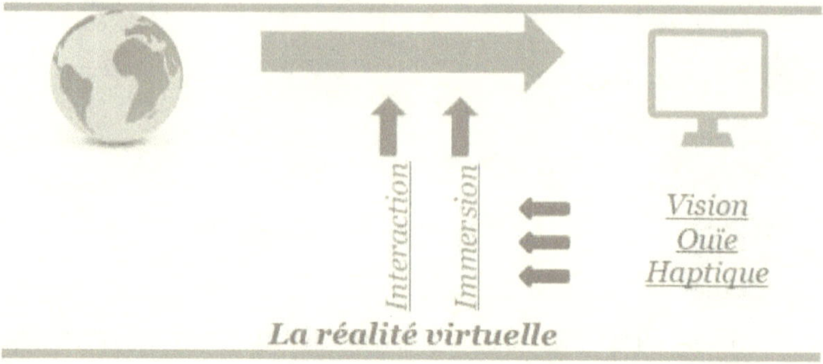

Figure 2 Schéma perceptuel de la réalité virtuelle : Un passage du monde réel à une version numérique interactive immersive.

Cette immersion peut être partielle comme le cas d'un écran 2D ordinaire, ou totale comme le cas des salles de projection et des visiocasques). Elle est réalisée par des périphériques que nous appelons interfaces comportementales, ce sont des interfaces qui permettent d'exploiter un comportement humain (Le comportement humain ici renvoie à toute aptitude liée à la perception telle que la vision, le toucher, l'odorat ou autres.). On y trouve deux types :

Les interfaces sensorielles :

Informent l'utilisateur par ses sens de l'évolution du monde virtuel (ex : écran). Dans ce type de périphériques, l'information est orientée de la scène virtuelle à l'utilisateur.

Les interfaces motrices :

Informent l'ordinateur des actions motrices de l'utilisateur sur le monde virtuel (ex : gants de données). Dans ce type d'interface, l'information est orientée de l'utilisateur vers la scène virtuelle.

La finalité de la réalité virtuelle est de permettre à une personne (ou à plusieurs) une activité sensori-motrice et cognitive dans un monde artificiel, créé numériquement, qui peut être imaginaire, symbolique ou une simulation de certains aspects du monde réel.
Dans la suite de ce chapitre, nous allons définir la terminologie liée à la réalité virtuelle.

3. L'immersion ou état immersif

La première composante dans la définition de la réalité virtuelle est l'immersion. L'immersion ou l'état immersif est un état psychologique où le sujet cesse (ou être emmené à cesser) de se rendre compte de son propre état physique (spatio-temporel). Cet état est fréquemment accompagné d'une intense concentration, d'une notion perturbée du temps et de la réalité.
L'immersion est réalisée sur trois axes : L'image, le son et l'haptique. Ce dernier est la clé d'une immersion totale et complète.
L'haptique désigne la science du toucher, par analogie avec acoustique ou optique. Ce terme est dérivé du grec *haptomai* qui signifie : Je touche. Au sens strict, l'haptique englobe le toucher et les phénomènes kinesthésiques (proprioception) qui désigne l'ensemble des récepteurs, voies et centres nerveux impliqués dans la perception, consciente ou non, de la position relative des parties du corps.

4. A propos du terme réalité virtuelle

Du fait de l'originalité de l'expression, que l'on qualifie d'oxymore en raison de l'apparente contradiction entre les termes qui la compose, le mot virtuel est devenu

dans les médias, synonyme de numérique et immatériel. La traduction anglaise *virtual* est plus nuancée où le terme signifie en effet quasi.
Le virtuel est un adjectif utilisé généralement pour désigner ce qui est seulement en puissance (Peut arriver), sans effet actuel (Réalisé ou pas). On utilise souvent cet adjectif pour désigner ce qui se passe dans un ordinateur ou sur Internet, c'est-à-dire dans un monde "numérique" ou "digital" par opposition au "monde physique".
En Parlant de *Virtual Reality* dans les premiers écrits de la littérature, on parlait probablement de quasi-réalité. La polémique sur la pertinence d'une expression qui est devenue un terme technique vient du fait que selon le dictionnaire français, réalité ne s'oppose pas à virtuel mais à fiction. De nombreux auteurs ont rappelé que le contraire de virtuel est actuel et non pas réel. Le virtuel est donc bien une composante de la réalité. L'expression Réalité Virtuelle ne peut donc systématiquement être considérée comme un oxymore.
Lorsque nous approfondissons les recherches dans la littérature, nous pouvons constater qu'il n'existe pas de définitions rigoureuses universelles de la réalité virtuelle, mais nous parlons plutôt de caractéristiques communes définies pour tout système portant cette étiquette.
C'est pourquoi, toutes les définitions tournent autours "la tentative de simuler le monde réel à travers un écran plat, avec immersion dans un monde visuel tridimensionnel".

5. Monde virtuel et scène virtuelle

La réalité virtuelle étant une simulation informatique interactive et immersive a pour finalité de transporter ou transposer l'utilisateur de son monde réel vers un monde virtuel crée numériquement. Ceci implique de créer tout d'abord ce monde suivant une approche qui sera décrite dans la suite de cet ouvrage. Cependant, nous allons résumer cette approche en quelques lignes pour mieux situer le lecteur :

Le monde virtuel n'est rien qu'une conception informatique d'entités réelles (personnes, objets...) et d'autres abstraites (règles sémantiques, systèmes experts, arbres de décision...). Cette conception doit respecter les contraintes liées à la définition telles que l'interaction, l'immersion et la dimension (visuelle, auditive, haptique). Toute cette conception définit ce que nous appelons le monde virtuel.

A un instant donné, une partie de cette conception est affichée et produite pour l'utilisateur sous forme d'images et de sons, nous parlons alors ici de scène virtuelle. Une bonne réalité virtuelle doit générer autant de scènes que l'utilisateur demande pour reproduire la perception du monde réel.

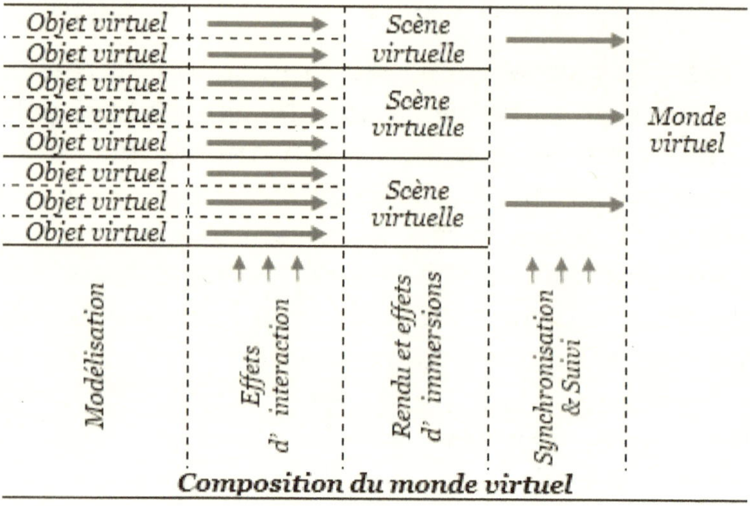

Figure 3 Composition hiérarchique du monde virtuel : Objets virtuels, scènes virtuelles, et effets d'immersion et d'interaction

6. Historique de la réalité virtuelle

La réalité virtuelle est étroitement liée à l'essor de l'informatique et de l'intelligence artificielle. Nous rappelons ici certaines étapes importantes dans son historique.

Dans les années soixante, est créée une interface exploitant un comportement, un geste de l'homme : la souris. Cette interface montre pour la première fois à tous les utilisateurs que l'on peut communiquer avec un ordinateur autrement qu'avec un clavier, autrement que sous forme textuelle ! Il s'agit alors de la première interface comportementale.

Dans les années soixante-dix, le premier casque immersif est réalisé par des chercheurs de l'université d'Utah (Il s'agit d'Ivan Sutherland, avec l'aide de David Evans. Ils ont tous deux réalisés ce casque à l'Université du UTAH). Il permet une immersion visuelle dans un monde virtuel grâce à deux mini-écrans. Grâce à un capteur de localisation de la tête, quand on tourne celle-ci, les images correspondantes au point de vue de l'observateur sont affichées. Cette première approche montre qu'il est possible de s'immerger à l'intérieur d'un monde simulé. L'image de l'ordinateur (clavier, écran et unité centrale) disparaît des yeux de l'utilisateur.

Au début des années quatre-vingt, le gant de données vient compléter ces nouvelles interfaces. Les mouvements de la main de l'opérateur, mesurés en temps réel, lui permettent de manipuler des objets virtuels.

Plus tard dans les années quatre-vingt, la commercialisation de matériels et de logiciels spécifiquement dédiés à la réalité virtuelle démarre lentement et prudemment, malgré les dires des médias qui prévoient une envolée rapide des techniques de réalité virtuelle.

Dans les années quatre-vingt-dix, les premiers développements de la réalité virtuelle voient le jour dans les centres de recherche et dans quelques grandes entreprises.

De nos jours, les Virtuel Box, le format 3D font de la réalité virtuelle un composant indissociable des techniques de communication et des médias.

7. Domaines d'applications

Les applications de la RV sont nombreuses et couvrent plusieurs domaines. Nous la trouvons là où nous voulons communiquer une information en grandeur nature, ou symboliser des entités au point de les rendre réelles, ou simuler fidèlement un environnement de travail ou de loisir. Voici quelques exemples de domaines d'application directe de la réalité virtuelle :

-Les formations et perfectionnements par simulateur tel que la conduite de véhicules, l'adaptation en milieu aérospatial, et la chirurgie et la pratique des examens en médecine.

-Les applications médicales et psychologiques, nous citons ici les traitements des phobies par psychothérapie cognitive et comportementale (TCC). Il s'agit là de simuler fidèlement l'environnement et les circonstances qui engendrent l'angoisse et la panique chez le sujet, et de l'immerger dans cet environnement. L'interaction en temps réel avec cette situation permet au thérapeute d'étudier d'avantage le cas et l'accompagner dans son parcours de thérapie.

-Que ce soit dans la formation ou dans la pratique, la simulation de chirurgies, les traitements des convalescences (coaching), la mise au point de prothèses orthopédiques sont des applications médicales directes de la RV. L'étudiant, comme le praticien, peuvent mettre en épreuve les nouvelles techniques et matériaux pour prendre la main, et tester les produits en même temps. Ceci évite le recours aux cobayes.

-Les applications nucléaires : démantèlement d'installations en milieux contaminés, en apprentissage ou en pratique à distance.

-L'art numérique est une nouvelle tendance qui est née dans les années soixante. La création artistique interactive et immersive translate l'artiste de son monde réel limité à un monde virtuel où les capacités sont sans limite, et le choix des couleurs et motifs est infini.

-Les jeux vidéo et les applications de loisir et de détente.

-La télé-immersion : C'est un domaine d'application visant à permettre à plusieurs personnes dans des endroits géographiquement différents de collaborer comme s'ils étaient dans la même salle.

-La visualisation scientifique.

-La météorologie et l'astrophysique.

-La recherche fondamentale.

-L'architecture-urbanisme.

-Domotique : La domotique est l'ensemble des technologies de l'électronique, de physique du bâtiment, d'automatismes, de l'informatique et des télécommunications utilisées dans les bâtiments. La domotique vise à apporter des fonctions de confort (optimisation de l'éclairage, du chauffage), de gestion d'énergie (programmation), de sécurité (les alarmes) et de communication (les commandes à distance) que l'on peut retrouver dans les maisons, les hôtels, les lieux publics. L'intérêt de la réalité virtuelle dans cette discipline est évident : Les différents choix domotiques sont à visualiser virtuellement avant de passer à l'acte, ce qui permet d'économiser beaucoup de temps et de matériaux comparé au prototypage et aux essais sur terrain.

-La conservation du patrimoine culturel par la création de musée virtuels.

-Visites et présentations de musées et de sites virtuels.

-La reconstitution d'objets et de sites détruits ou endommagés.

-La création d'œuvres sonores.

-La sculpture d'objets virtuels.

8. Réalité virtuelle, mixte et augmentée

Pour compléter la panoplie de la terminologie liée à la réalité virtuelle, il est indispensable d'introduire les termes utilisés en pratique pour désigner les axes d'utilisation et d'introduction de la virtualité dans nos utilisations quotidienne. A ce propos, nous distinguons :
La réalité virtuelle :
La simulation informatique immergeant l'utilisateur complètement dans l'environnement virtuel ne laissant aucune interaction avec l'environnement réel.
La virtualité augmentée :
Il s'agit d'une réalité virtuelle dans laquelle nous intégrons des portions d'images réelles de l'environnement réel.
La réalité augmentée :
Il s'agit d'objets virtuels superposés à des images réelles utilisant les lunettes semi-transparentes ou des projections externes.
La réalité mixte :

Elle englobe la réalité augmentée et la virtualité augmentée.

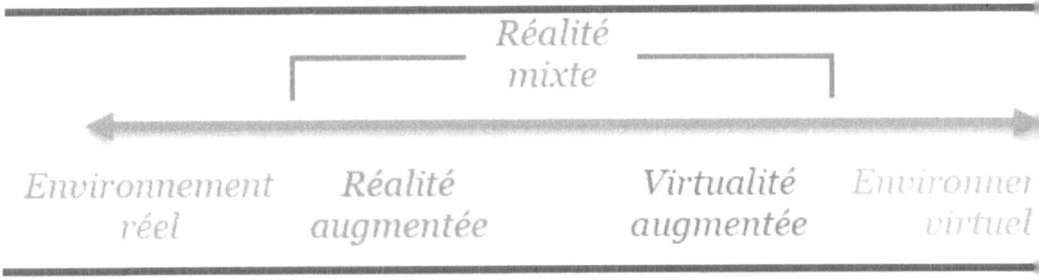

Figure 4 Le continuum de la réalité virtuelle

III. Les principes technologiques de la realite virtuelle

Les principes technologiques de la réalité virtuelle sont l'ensemble des techniques qui permettent la création de l'immersion visée par la réalité virtuelle.

1. Les technologies cruciales pour la réalité virtuelle

Nous parlons ici des technologies nécessaires pour la réalisation d'un système que nous pourrons appeler par la suite une réalité virtuelle. Cette gamme de technologie est indispensable, et sans laquelle,

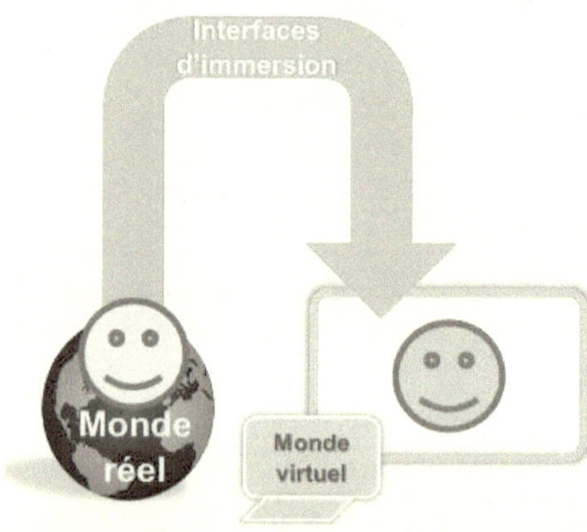

l'appellation de réalité virtuelle n'a aucun sens.

L'interface d'immersion

C'est l'interface qui induit l'utilisateur dans un état immersif. Elle peut être soit visuelle, aurale ou haptique. Elle immerge l'utilisateur dans le monde virtuel, et bloque les impressions de contradiction du monde réel. Ces contradictions sont générées par les interférences entre la perception venue du monde virtuel, et les sensations imposées par la réalité. La finalité des interfaces immersives est de réduire ses interférences à zéro.

Le rendu de l'affichage graphique

Nous pouvons attester avec certitude que toute interface de réalité virtuelle doit procurer un redu graphique à l'utilisateur. La perception des sons et des touchers, et par conséquence, l'interprétation associée sont souvent dépendantes du visuel. Ce rendu doit être à niveau avec la perception visuelle humaine réelle pour créer l'illusion du monde réel.

Le système de suivi

Ce système sert à capturer et évaluer les déplacements de l'utilisateur, particulièrement sa tête et ses mains. Ce système définit ce que nous venons d'appeler précédemment le contrôle dynamique des vues par l'utilisateur. Le rendu visuel et sonore devient alors fonction de ce système de suivi.

La base de données

La construction et la maintenance de la base de données est nécessaire pour l'affichage des détails et le maintien du monde virtuel. Comme nous allons le voir dans les chapitres suivants, le monde virtuel est modélisé et maintenu dans une base qui est interrogée au besoin pour construire les scènes.

2. Les technologies auxiliaires pour la RV

Nous parlons ici de technologies de second plan dans la conception et la mise en place d'un système de réalité virtuelle. Ce sont des technologies dont un système de réalité virtuelle peut s'en passer en partie, mais leur mise en place permet une meilleure immersion du sujet dans le monde virtuel sur les différents plans : visuels, auditifs et haptiques.

Le son synthétisé

La synthèse des sons permet la génération dynamique et en temps réel des sons et des effets sonores. Une bonne mise en scène sonore sans recours abusif aux préenregistrements est une valeur ajoutée à l'immersion du sujet dans le monde virtuel.

L'affichage synthétisé

Le rendu graphique seul n'est pas suffisant à l'immersion totale s'il n'est pas associé avec une synthèse en temps réel.

La synthèse graphique est souvent reliée à la simulation des forces et des mouvements des objets et de l'utilisateur à travers les différentes interactions.

Les périphériques

La qualité des périphériques est nécessaire pour mieux adapter l'utilisateur au monde virtuel. Le périphérique en question doit être le moins encombrant possible, le plus confortable, et surtout, le plus performant en termes de temps de traitement et de réaction.

3. Finalités de la réalité virtuelle

L'ingénieur est souvent confronté au dilemme suivant : soit tester virtuellement le futur produit à partir d'un modèle paramétrable, mais peut être irréaliste, soit évaluer un produit réel ou un prototype mais figé et peu paramétrable.

Dans les domaines professionnels, la CAO (Conception Assistée par Ordinateurs) et la simulation de phénomènes physiques, les modèles sont étudiés virtuellement par l'intermédiaire de représentations numériques. Mais dans tous ces secteurs d'activité, l'utilisateur de ces mondes virtuels est spectateur ! Car il n'agit pas instantanément, ou très peu, sur ces entités numériques.

Les technologies de la réalité virtuelle apportent aux différents intervenants dans ces domaines la maîtrise en temps réel et ouvrent de nouvelles perspectives de conception et de mise en œuvre. Nous pouvons en citer :

- Réalisation de tests et essais impossibles à réaliser dans le monde réel, soit pour manque de financements, de matériaux, ou de temps;
- Multiplication des choix, des architectures, des combinaisons et des couleurs dans la phase de conception et de spécification avant de passer à la mise en œuvre. Ce qui permet un gain inestimable de coûts;
- Intégration des utilisateurs finaux dans l'équipe de conception. Ceci est possible grâce à la simulation interactive, où ils peuvent évaluer le futur produit avant sa réalisation. Ceci permet de dépasser les différentes étapes de prototypage ;
- Mise en scène des produits dans différents environnements sous différentes conditions et contraintes ;
- Ingénierie collaborative avec d'autres métiers, d'autres cultures ou d'autres pays avec un langage

de travail commun : l'image interactive. Ceci est valable pour les grands projets où participent des intervenants ayant des langages et profils divers, ainsi que pour les petits projets où interviennent un nombre réduit de collaborateurs distants même s'ils parlent le même langage.

En résumé, la réalité virtuelle permet à une ou à plusieurs personnes des activités sensori-motrices et mentales dans un monde artificiel, qui est soit imaginaire, soit une simulation de certains aspects du monde réel. Ce qui couvre deux catégories principales d'applications :

- Dans la première, la virtualité est utilisée soit pour créer un monde irréel, exploité principalement par des artistes et des concepteurs de jeux, soit pour visualiser des concepts ou des symboles.
- Dans la deuxième, il s'agit d'une simulation de certains aspects du monde réel : la virtualité est exploitée par l'ingénieur pour mieux concevoir, analyser ou évaluer un produit ou un environnement réel.

4. Réalisation d'une application de RV

Lorsque nous voulons concevoir une application de réalité virtuelle, nous parlons de reproduire seulement certains aspects du monde réel. Il est illusoire de vouloir simuler entièrement le monde réel concerné. Il est plus judicieux de réfléchir, au moment de la conception d'un dispositif de réalité virtuelle, pour savoir quels aspects doivent être simulés par rapport à l'objectif de l'application.

Il y a donc pour tout concepteur un travail de réflexion préliminaire sur ce qui devra être simulé. En d'autres termes, il faut définir le niveau d'abstraction désiré. L'abstraction consiste à partir d'un système réel complexe et compliquer, et arriver à un modèle réduit avec un nombre restreint d'information et de données. Cette abstraction est fonction de l'objectif de l'application et de la finalité du produit ou du délivrable.

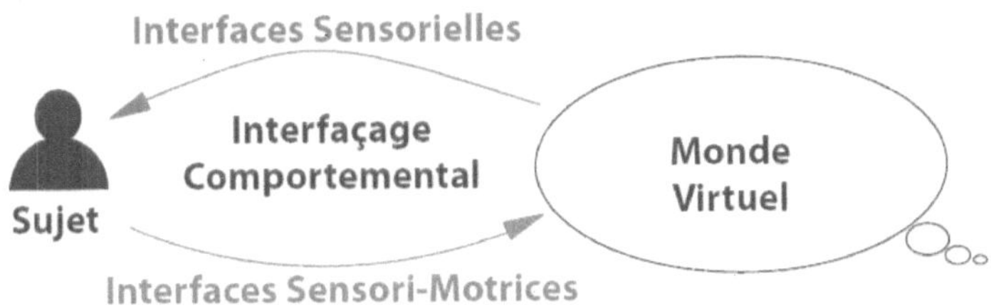

Figure 5 Architecture générale d'un système de réalité virtuelle

La réalisation de toute application en réalité virtuelle implique deux problématiques générales (voir Figure 5) :

- La première est la création informatique d'un monde virtuel avec lequel le sujet peut interagir en temps réel. L'interaction en temps réel est une contrainte très difficile à mettre en œuvre. Les recherches et les développements en informatique se font au niveau matériel et au niveau logiciel.
- La deuxième problématique est l'immersion et l'interaction efficaces d'un ou de plusieurs sujets dans le monde virtuel : l'interfaçage comportemental. Cela fait appel à des domaines bien différents : l'informatique, la physique des interfaces matérielles, la neurophysiologie pour les activités sensori-motrices de l'utilisateur,

l'ergonomie et la psychologie pour l'immersion et l'interaction mentales du sujet.

Cette approche multidisciplinaire est incontournable, ceux qui l'ignorent risquent de mettre au point une superbe réalisation technique au niveau informatique mais qu'ils seront les seuls à pouvoir faire fonctionner !

5. Matériels et interfaces

Visiocasque ou casque immersif

Appelé aussi HMD (Head Mounted Display – Helmet Mouted Display). C'est un casque couvrant la tête utilisant un ou deux petits écrans en face des yeux (monoculaire ou binoculaire). Cette interface est utilisée à la fois dans la réalité virtuelle et la réalité augmentée. Les HMD sont utilisées dans les domaines de sécurité, militaire, médecine, sport, et loisir.

La stéréovision est la technologie de base pour réussir une immersion visuelle. Elle consiste à ce que les images affichées devant chacun des deux écrans sont différentes mais se chevauchent par quelques degrés, pour permettre à l'utilisateur de percevoir l'image tridimensionnelle avec les reliefs et les dimensions géométriques.

Figure 6 Modèle type d'un visiocasque

Le champ de vision humain est de 180°, mais les HMD proposent moins. A noter que plus le champ est grand plus l'immersion est grande, et plus le périphérique et confortable pour l'utilisateur. La résolution peut dépasser 1200x1600 pixels pour chaque afficheur. L'utilisation de la capture de mouvement permet à l'utilisateur de visualiser le monde virtuel par des mouvements de la tête. Des progrès énormes sont réalisés en matière de détection du point de vue pour une adaptation plus réaliste des affichages aux mouvements de l'utilisateur et à son regard !

Nous distinguons trois types de visiocasques :

- Les visiocasques immersifs comme définis dans la section 0.
- Les visiocasques à smartphone comme définis dans la section 3.
- Les visio-lunettes (lunettes immersives) qui sont conçues pour afficher des hologrammes interférant dans le champ visuel de l'utilisateur. Elles sont souvent utilisées dans la réalité mixte ou augmentée.

CAVE – *Cave Automatic Virtual Environement*

L'immersion est réalisée par projection d'images sur les murs et le sol où les projecteurs sont généralement placés en dehors de la salle. En utilisant des stéréo-lunettes qui procurent des images stéréo engendrées par l'ordinateur en temps réel, et des capteurs de mouvement de la tête, les projections sont adaptées suivant la marche libre de l'utilisateur dans la zone. Le son en 3D permet une immersion parfaite.

Les gants numériques (*Data Gloves*)

Ce sont des dispositifs pour capter les mouvements de la main, et des doigts, pour adapter l'affichage des images. Ils permettent aussi le retour tactile sur les modèles les plus récents pour simuler les forces et les réactions du monde virtuel.

Comparatif des dispositifs de la réalité virtuelle

Le tableau suivant récapitule les différences entre les trois interfaces sensori-motrices décrites dans ce chapitre : Les visiocasques ; Les salles de projections, et les gants numériques. Ce comparatif détaille l'immersion de l'utilisateur, ses mouvements, et la possibilité d'intégration dans les différentes réalités.

		Visiocasques	CAVE	Gants numériques
Immersion	Visuelle	+	+	-
	Aurale	Optionnelle*	Optionnelle*	-
	Haptique	-	-	+/-
	Degré d'immersion	Totale ou partielle (cas des vision-lunettes)	Totale	Partielle
Mouvements	Marche libre	-	+	+
	Degré de liberté	Total pour la tête	Total pour le corps	Limité pour la main
Réalité mixte	Réalité virtuelle	+	+	+
	Réalité augmentée	+	-	+
	Virtualité augmentée	+	+/-	+

* Nécessité d'utiliser un périphérique à part : Casque, Haut-parleur ou écouteurs.

Figure 7 Comparatif des interfaces sensori-motrices.

6. Fondements théoriques pour les représentations tridimensionnelles

La réalité virtuelle est à l'intersection de plusieurs disciplines. Dans son volet informatique, nous retrouvons plusieurs sous-spécialités intervenant dans l'élaboration d'un système de réalité virtuelle :

Le graphisme (*Computer Graphics*)

Pour le rendu et l'affichage, l'informatique fait appel à des techniques et algorithmes développés et optimisés pour des cas d'utilisation précis et des machines dédiées. Le graphisme ou le Computer Graphics fait appel lui aussi à des bases théoriques que nous pouvons regrouper en trois grands volets présentés ci-dessous.

Les mathématiques :

Dans les mathématiques, nous nous intéressons aux outils de la géométrie nous permettant de produire et transformer des objets, de manipuler des primitives et des positions. Ceci concerne :

- **Les repères :** Ou les systèmes de coordonnées qui nous permettent de localiser les objets.
- **Les transformations :** Modélisées souvent par des calculs vectoriels et matriciels. Exemple : Un triangle représenté par ses coordonnées, peut être translaté, déformé, suivant un vecteur, et par un calcul matriciel.
- **Les projections :** C'est dans cette phase de visualisation où nous pouvons dessiner les objets 3D sur un écran 2D.

La modélisation 3D :

Ou comment représenter un objet tridimensionnel sur la machine ? Nous pouvons distinguer deux modes de modélisation :

- **La représentation géométrique :** par des points, des lignes, et des faces. Exemple : triangles, tétraèdres... Avec ces primitives, nous pouvons approximer n'importe quelle surface ou volume.
- **La représentation analytique des courbes :** Dans ce mode, les courbes et les surfaces sont représentées avec précision en tous points dans le domaine. Nous citons ici deux modèles de représentation :
  - ✓ Le modèle paramétrique où les coordonnées euclidiennes sont fonctions d'un paramètre t x=x(t) y=y(t) ;
  - ✓ Et le modèle non paramétrique où les coordonnées sont dépendant des axes y=f(x).

Le rendu visuel :

Il s'agit ici du rendu final, où la gestion des couleurs, de la luminosité, des textures, et de tous les autres effets et performances de visualisation sont projetés sur écran.

Les animations (*Computer Animations*)

Dans cette partie du travail, le concepteur développe les animations (en temps réel ou image par image). La synthèse, le contrôle et la capture de mouvements, ainsi que la génération du rendu sont réalisés par des procédures prédéfinies.

IV. GESTION DES DONNEES

Dans un environnement virtuel, l'observateur évolue dans un monde qui est une représentation d'une partie de la réalité ou d'un environnement imaginaire (Exemple dans la Figure 8).
Dans la plupart des cas, la représentation qui est exposée à l'observateur est en premier lieu visuelle. Cette représentation visuelle est construite par la projection d'un modèle géométrique tridimensionnel de l'environnement virtuel sur une ou plusieurs images planes bidimensionnelles par l'intermédiaire de caméras virtuelles dont le mouvement peut être lié à celui de l'observateur.

Figure 8 Exemple bidimensionnel d'une scène virtuelle contenant des personnes, des bâtis, et des objets.

Cet environnement n'est pas uniquement constitué d'éléments de natures géométriques ; prenons l'exemple de ce qu'on appelle la cité virtuelle. Une cité virtuelle se compose au moins :

- D'une représentation du bâti ;
- Du réseau routier ;
- D'acteurs évoluant dans cette ville ;
- Et d'autres éléments fonctions du niveau d'abstraction défini.

Les représentations géométriques du bâti et du réseau routier sont insuffisantes pour permettre une simulation fidèle d'une cité réelle. La seule intégration d'un tramway dans le cadre de cette étude nécessite la création d'un modèle géométrique et cinématique d'un tramway, mais aussi la définition du comportement du couple conducteur-tramway au passage de certains éléments remarquables du réseau routier (feux, intersections, arrêts de tramway). Dès lors, la modélisation du réseau routier devienne non seulement géométrique, mais aussi topologique (orientation dans un réseau) et sémantique (signification du feu rouge).

1. Les types d'objets à modéliser

Avant de modéliser des objets géométriques, il faut pouvoir répondre à la question : que cherche-t-on à modéliser ? Il est évident que la modélisation d'un solide indéformable est différente de celle d'un fluide compressible.

L'objet le plus simple est bien sûr le **solide rigide non déformable**. Cet objet ne peut subir que des transformations solides T = (R ; t), où R est une rotation dans l'espace et t une translation. Le cube est un exemple de solide rigide non déformable. Le principal avantage des solides rigides est de n'avoir à calculer que leurs positions dans l'espace avant d'effectuer leurs rendus.

Les modèles non-rigides peuvent se décomposer quant à eux en plusieurs catégories :

Les solides articulés

Ce sont des solides rigides indéformables reliés entre eux par des liaisons mécaniques (par exemple une liaison pivot). Ils sont utilisés pour représenter par exemple le mouvement d'un bras relié à un tronc ou les roues d'une voiture qui sont liées au châssis, en première approximation évidemment. C'est aussi le cas du pendule. Les liaisons entre les solides sont représentées par leurs paramètres (les angles) ;

Les solides déformables

Ce sont des objets dont les déformations suivent les lois de la mécanique (ou pas comme dans un monde imaginaire). Ce peut être la peau d'un être vivant, une balle se déformant au contact du sol (Voir Figure 9). Ces modèles sont régis par leurs paramètres mécaniques. Il est donc nécessaire de calculer l'évolution de leur forme avant d'effectuer leur rendu visuel ;

Figure 9 Exemple de solide déformable.

En dernier, nous avons les **modèles non-solides**, qui représentent tout ce qu'on ne peut pas associer à la notion d'objet. On peut citer les fluides, les modèles particulaires qui associent plusieurs sous-modèles associés mécaniquement entre eux. La création d'un jet de lave par exemple utilise des modèles particulaires.

Il existe par ailleurs des modèles qui ne rentrent pas en compte dans le cadre de la réalité virtuelle à utilisation professionnelle ; ils sont associés aux techniques dites de rendu non photo-réaliste. Ces techniques ont des résultats souvent spectaculaires mais elles ne peuvent être classées en familles simples comme celles que nous venons de citer.

La contrainte majeure de la réalité virtuelle en termes de rendu graphique porte naturellement sur la nécessité absolue d'un rendu temps réel du modèle tridimensionnel. Il est donc évident qu'on cherche à privilégier dans les environnements virtuels les objets les plus simples (solides rigides et articulés) au détriment des plus complexes (fluides visqueux par exemple). On se limite donc essentiellement dans les paragraphes qui suivent à des solides rigides représentant des objets manufacturés ou des éléments naturels.

2. Les modes de représentations en 3D

La modélisation 3D répond à la question : comment l'ordinateur représente un objet 3D en mémoire ? Plusieurs approches ont été développées pour représenter un modèle tridimensionnel sur ordinateur. Nous allons citer dans les paragraphes qui suivent les techniques les plus utilisées, et les plus citées dans la littérature.

Représentation géométrique

Ce type de représentation consiste à représenter les objets par des arrangements de sommets (points) dans un espace 3D. Il existe trois primitives de bases pour représenter un objet 3D, que nous appelons simplexes :

1. Les sommets, qui représentent géométriquement des points. Ils sont représentées par des triplets réels (x,y,z) dans un repère euclidien. Les sommets sont les simplexes d'ordre 0.
2. Les arêtes, qui représentent géométriquement des segments. Elles sont représentées par deux sommets $[s_1,s_2]$. Les arêtes sont des simplexes d'ordre 1.
3. Les facettes, qui représentent géométriquement des polygones. Elles sont représentées par une suite ordonnée de sommets de taille arbitraire $\{s_1, s_2, ..\}$.

Les facettes sont des simplexes d'ordre 2.

4. Les faces, qui représentent géométriquement des polyèdres. Elles sont représentées par une suite

ordonnées de facettes *{f_1, f_2, ..}*. Les faces sont des simplexes d'ordre 3.

Enfin, toute surface bidimensionnelle ou tridimensionnelle peut être représentée par un ensemble fini de polygones. En théorie comme en pratique, le polygone élémentaire est le triangle. Tout modèle est alors approximés par un ensemble de triangles. Ceci est justifié par le fait que le triangle est le polygone le plus rudimentaire en géométrie, et que les technologies récentes proposent des solutions intégrées pour optimiser la construction et le rendu des modèles triangulaires.

La règle d'or en matière de rendu graphique est que : Plus nous avons de triangles, plus le modèle est fin, et plus l'approximation est fidèle, et le rendu est fin.

Prenons l'exemple d'une courbe, elle peut être représentée par une liste de points, reliés par des segments : Plus nous avons de points, plus le rendu de la courbe est fin, et plus la perception de la continuité est atteinte.

Lorsque nous manquons d'affinité sur un modèle, nous pouvons toujours générer des points intermédiaires calculés par interpolation.

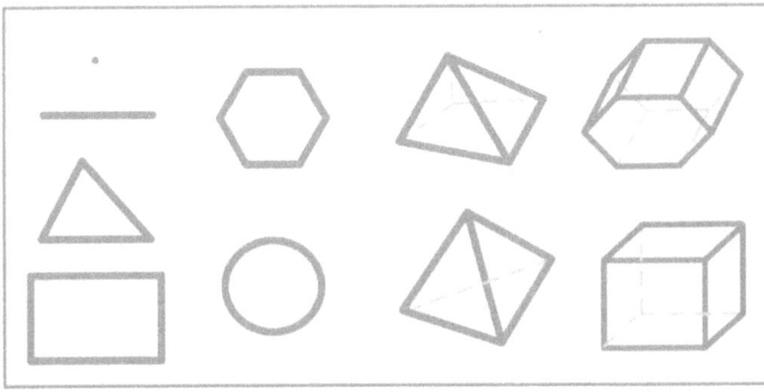

Figure 10 Exemples de primitives géométriques de base : Point, segment, triangle, quadrangle, hexagone, cercle, pyramide, tétraèdre, prisme hexagonal, et cube.

Cas des triangulations

Nous ne pouvons parler des représentations géométriques sans citer un cas très intéressant des subdivisions géométriques, qui est la triangulation. Les triangulations sont l'un des outils incontournables pour représenter les surfaces et les volumes. Nous allons présenter ici le lexique lié aux triangulations pour familiariser le lecteur à ce domaine.

Une triangulation d'un ensemble P de points est un graphe planaire dont les sommets sont les points de P, avec un nombre maximal d'arêtes. Ce qui revient à relier tous les points de P entre eux avec des arêtes sans aucune intersection.

Les maillages sont définis comme des plongements de graphes pour décrire des surfaces (maillages surfaciques) ou des volumes (maillages volumiques). Le plongement d'un graphe revient à associer des coordonnées géométriques aux sommets du graphe.

Le genre d'une surface est le nombre d'anses dans cette surface, et est égal à 0 pour les surfaces homéomorphes à une sphère.
Un maillage est une variété (ou manifold) si toute arête est incidente à exactement 2 faces, et tout sommet a un voisinage homéomorphe à un disque. Il est avec bord, si pour un nombre de cycles disjoints d'arêtes incidentes à exactement une face, les deux propriétés précédentes ne sont pas vérifiées. Il est simple s'il est de genre 0.

Représentation analytique des courbes

La représentation analytique préserve la continuité des formes géométriques. La forme est alors définie en tout point ce qui lui confère les avantages suivants :

- Une précision absolue, par définition.
- Une représentation compacte : Le coût de stockage est optimal car il consiste uniquement en la formule et quelques transformations (comme les images en format vectoriel).
- Possibilité d'extrapolation : Un calcul simple des points intermédiaires peut se faire lorsque le nombre de points représentatifs de la forme n'est pas suffisant.

Nous distinguons deux types de représentations analytiques : paramétriques et non paramétriques :

a. La représentation paramétrique

Dans les représentations paramétriques, les coordonnées de la forme (courbe, surface ou volume) sont des fonctions paramétrées sur un domaine de valeurs.

En Dimension 3, si *t* est le paramètre de la représentation, le vecteur de position d'un point donnée est défini comme suit :

$$P(t)=[x(t), y(t), z(t)]$$

Les bords de la forme (les extrémités de la courbe par exemple), ainsi que son étendu (sa longueur par exemple) sont définies par l'intervalle de définition du paramètre *t*.

Exemple : Equation paramétrique du cercle :

$$P(t) = [r*cost, r*sint], 0 \le t \le 2\pi$$

Où *r* est le rayon du cercle et *t* est le paramètre de la représentation associé à l'angle en radian dans le sens direct. Il suffit pour dessiner le cercle de faire varier *t* entre *0* et *2π* et calculer les coordonnées euclidiennes pour avoir le rendu souhaité. Les Figure 11 et Figure 12 illustrent cet exemple : Des valeurs sont attribuées au paramètre *t* pour évaluer les coordonnées sur un espace euclidien. Nous parlons alors d'échantillonnage de la forme géométrique.

t	r	cos t	sin t	x	y
0	20	1	0	20	0
0.4	20	0.92	0.39	18.42	7.79
0.8	20	0.70	0.72	13.93	14.35
1.2	20	0.36	0.93	7.25	18.64
1.6	20	-0.03	1.00	-0.58	19.99
2	20	-0.42	0.91	-8.32	18.19
2.4	20	-0.74	0.68	-14.75	13.51
2.8	20	-0.94	0.33	-18.84	6.70
3.2	20	-1.00	-0.06	-19.97	-1.17
3.6	20	-0.90	-0.44	-17.94	-8.85
4	20	-0.65	-0.76	-13.07	-15.14
4.4	20	-0.31	-0.95	-6.15	-19.03
4.8	20	0.09	-1.00	1.75	-19.92
5.2	20	0.47	-0.88	9.37	-17.67
5.6	20	0.78	-0.63	15.51	-12.63
6	20	0.96	-0.28	19.20	-5.59
6.4	20	0.99	0.12	19.86	2.33

Figure 11 Exemple d'échantillonnage d'un cercle suivant une équation paramétrique

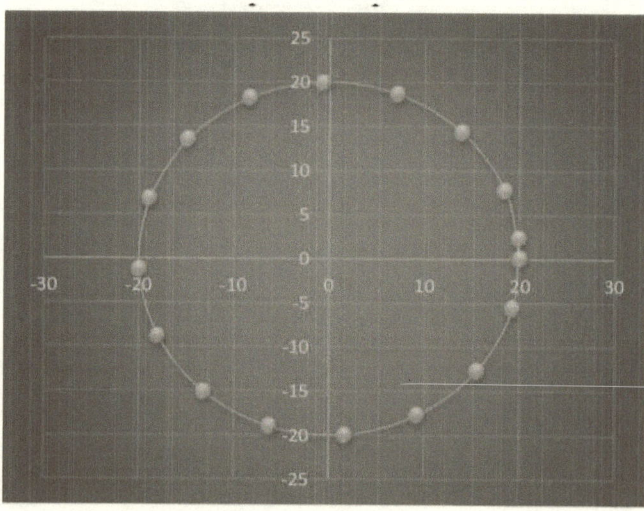

Figure 12 Exemple de rendu d'un cercle échantillonné par une équation paramétrique suivant le tableau de la Figure 11

Cas des *splines*

Les *splines* sont un cas particulier de la représentation paramétriques des formes géométriques. Cette technique repose sur la définition d'un ensemble de points de contrôle, et d'un schéma d'interpolation pour engendrer la courbe.

Exemple : La courbe de Bézier d'ordre 2 et de degré 1 : En utilisant 2 points de contrôle :

$$P(t) = B_0 + (B_1 - B_0)t = (1 - t)B_0 + tB_1 \,;\, 0 \leq t \leq 1.$$

Les courbes de Bézier sont caractérisés par :

- La courbe suit la forme du polygone formé par les points de contrôle, et contenu dans l'enveloppe convexe de celui-ci.
- Les extrémités de la courbe coïncident avec le premier et le dernier point de contrôle.
- Le premier et le dernier segment coïncide avec les vecteurs tangents des extrémités de la courbe (très important pour la continuité de la courbe).
- La courbe est transformée et ce, en manipulant juste les points de contrôle.

Les courbes de Bézier ont beaucoup d'application dans le domaine de l'imagerie. A cet effet, nous pouvons citer les images vectorielles qui sont décrites en termes de leurs représentations mathématiques par des courbes et des formules. Les courbes sont décrites par leurs points de contrôle, et l'application affiche la courbe en temps réel sur l'écran. L'utilisateur peut alors zoomer, et augmenter la résolution sans effets de pixellisation, ce qui représente un point clef dans l'affichage 3D en Réalité Virtuelle.

Par contre, les images non vectorielles sont représentées pixel par pixel, chacun représenté par une position et une couleur. Les tailles des images sont très grandes, et les niveaux de détails sont très difficiles à gérer.

Reste à noter enfin, que la modification d'un point de contrôle affecte toute la courbe (l'effet est global), ce qui est très utile pour les applications physiques et médicales.

b. La représentation non paramétrique

Cette représentation correspond à la représentation explicite définie par l'une des coordonnées en fonction des autres dans un espace euclidien :

$$y = f(x, z)$$

Par exemple : $y=a*x+b$, est l'équation d'une ligne droite où, pour chaque x, est définie une valeur pour y.

Dans ce type de représentations, nous avons également la représentation implicite définie par toute équation de la forme :

$$f(x, y, z) = 0$$

Par exemple (une section conique) :

$$ax^2 +2bxy+cy^2 +2dx+2ey+f=0$$

Comme nous pouvons le constater par les définitions des deux types de représentation, la représentation non paramétrique est dépendante des axes du repère alors que la représentation paramétrique ne l'est pas.

V. LES STRUCTURES DE DONNEES

Définir un mode de représentation des objets dans le monde virtuel n'est pas suffisant pour concevoir et réaliser le monde virtuel. Nous avons besoin également d'un schéma de représentation des données permettant l'implantation du mode de représentation sur le système. Plusieurs schémas existent dans la littérature, dans cet ouvrage, nous allons nous concentrer sur les schémas conçus pour les modèles géométriques vu qu'ils se positionnent en premiers plan dans les applications de réalité virtuelle et dans les architectures matérielles en utilisation.

1. Les structures de données géométriques

Les structures de données géométriques se répartissent en trois grandes familles suivant le simplexe de base pour la représentation. Dans chaque structure, nous disposons de deux conteneurs de données au minimum :

- Un conteneur de sommets, où sont gardées les coordonnées de ses sommets et éventuellement d'autres informations liées aux sommets.
- Un conteneur pour les simplexes d'ordres supérieurs (arêtes, demi-arêtes, facettes ou faces) dépendant de la famille de structure. Dans ce conteneur, nous pouvons garder les références de ces simplexes suivant le codage que nous

adoptons : pointeurs, index, numéros ou tout autre codage référant aux simplexes.

Pour rappel :

Les sommets sont les simplexes d'ordre 0 ; Les arêtes sont les simplexes d'ordre 1 ; Les facettes (Polygones en dimension 3) sont les simplexes d'ordre 2 ; Les faces (Polygones en dimension 2 ou polyèdres en dimension 3) sont les simplexes d'ordre 3

Géométrie et topologie

La géométrie de la structure est définie par les coordonnées de ses sommets. Sa représentation est unique et standard pour tout type de structure : Une table contenant les coordonnées où chaque entrée correspond à un sommet.

La topologie, qui est définie par le conteneur des simplexes. C'est ce qui fait la différence entre les différentes structures.

Dans la suite de ce chapitre, nous nous intéressons uniquement à la topologie des structures, vu que la géométrie ne change pas.

Les structures à base de sommets

La structure est définie comme un ensemble de sommets. La mise en œuvre consiste à définir le graphe d'incidence entre les sommets de la forme. Nous définissons donc, le conteneur de simplexe comme un tableau d'incidence des sommets.

Les structures à base d'arêtes

Ces structures définissent la forme géométrique comme un ensemble d'arêtes ou de demi-arêtes. Dans la version de base, chaque arête est définie par :

- La référence du sommet de destination ;
- La référence de l'arête suivante dans la facette ;
- La référence dans l'arête précédente dans la facette.

Considérant cette structure de base, les entrées du conteneur de simplexe correspondent aux arêtes de la forme.

Ce conteneur est de dimension 3 (nombre de références gardées pour chaque entrée).

Les structures à base de facettes

La structure est définie comme un ensemble de facettes (ou de faces en dimension 2). Pour les triangulations, chaque facette (triangle) est définie au moins par l'ensemble de ces trois sommets et ses trois facettes voisines.

2. Contrat de définition de la structure de données

Quelle que soit la structure de données adoptée pour représenter les formes géométriques, elle doit répondre à certains critères :

L'accessibilité : Nous devons pouvoir accéder à tous les éléments de la structure en temps constant de préférence. Cet accès doit se faire directement par référence (index, numéro ou pointeur).

La navigation : Nous devons pouvoir parcourir la forme en un temps raisonnable : Le parcours de la forme est défini par le passage d'un simplexe à l'autre en utilisant uniquement les informations du premier simplexe sans avoir recours à d'autres informations globales.

La mise à jour : La structure doit permettre de supprimer, ajouter ou modifier les simplexes de la forme. La mise à jour doit se faire également en temps constant pour respecter la contrainte de temps réel imposée dans la réalité virtuelle.

Le coût de représentation en mémoire : Ce coût correspond à l'espace occupé par la structure dans la mémoire de la machine. Cet espace doit rester limité pour ne pas influencer négativement le temps d'exécution qui est fonction du temps d'accès aux données.

3. Exemple applicatif sur les structures de données géométriques

Considérant un exemple simple, à partir duquel nous allons définir des structures de données suivant la classification ci-dessous. L'exemple est illustré dans la Figure 13. Comme nous l'avons expliqué dans la section 0, la géométrie ne sera pas détaillée ici, car il suffit de créer une table où garder les coordonnées des sommets qu'elle que soit le type de la structure.

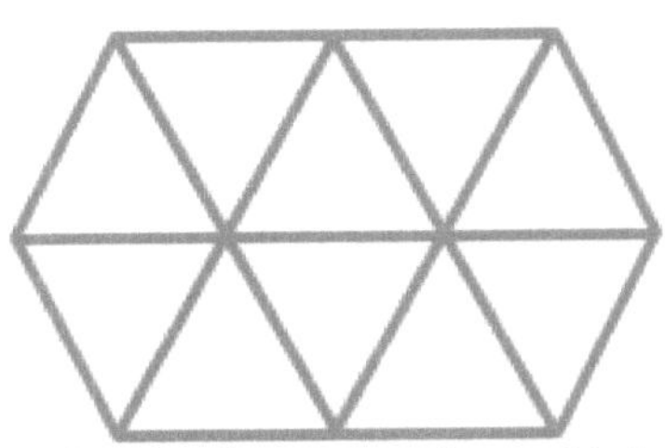

Figure 13 Exemple de forme géométrique à modéliser

Structure de données à base de sommets

Pour pouvoir représenter l'exemple à base de sommets, nous devons commencer par numéroter ces sommets. La numérotation des sommets ne suit pas de normes, pratiquement, l'ordre est défini par l'insertion dans la structure, ou la lecture du fichier de données.

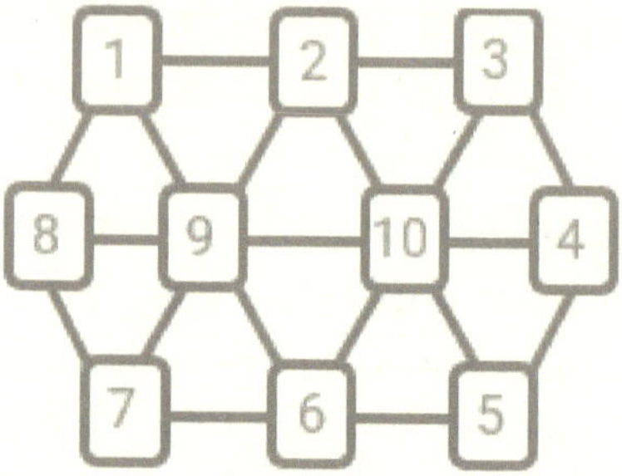

Figure 14 Exemple de représentation à base de sommets

La deuxième étape est de créer la table des données suivant un schéma précis. Dans notre cas, nous allons choisir le schéma suivant où chaque sommet est représenté par deux informations :

- Son degré : Le nombre de sommets qui lui sont adjacents ;
- La liste complète des ses voisins.

Partant de cette définition, nous pouvons créer notre table de simplexes (Voir Tableau 1).

Pour l'ordre d'insertion des sommets voisins dans la table, nous avons opté pour le sens direct autour du sommet pivot. Il s'agit du sens contraire des aiguilles de la montre. Le concepteur peut bien sûr choisir sa convention à lui pourvu qu'il la respecte tout au long de son projet. Comme nous pouvons le constater, la taille de cette table n'est pas fixe, et dépend de la limite maximale des listes des sommets voisins. C'est pourquoi, une allocation dynamique des espaces est indispensable lors de la programmation de telles structures. Le coût de stockage pour une telle structure dépend de la topologie de la forme. Asymptotiquement, le degré moyen d'un sommet dans une forme géométrique est égal à 6, ce qui induit un coût de représentation global de *6n* références pour une forme contenant *n* sommets.

Sommet	Degré	Voisin 1	Voisin 2	Voisin 3	Voisin 4	Voisin 5
3	8	9	2	-	-	-
4	1	9	10	3	-	-
3	2	10	4	-	-	-
3	3	10	5	-	-	-
3	4	10	6	-	-	-
4	5	10	9	7	-	-
3	6	9	8	-	-	-
3	7	9	1	-	-	-
6	1	8	7	6	10	2
6	2	9	6	5	4	3

Tableau 1 Exemple de table des simplexes pour une structure à base de sommets

Structure de données à base d'arêtes

Pour pouvoir représenter l'exemple à base d'arêtes, nous devons commencer par numéroter ces arêtes. La numérotation des arêtes ne suit pas de normes ; Pratiquement, l'ordre est défini par l'insertion dans la structure, ou la lecture du fichier de données.

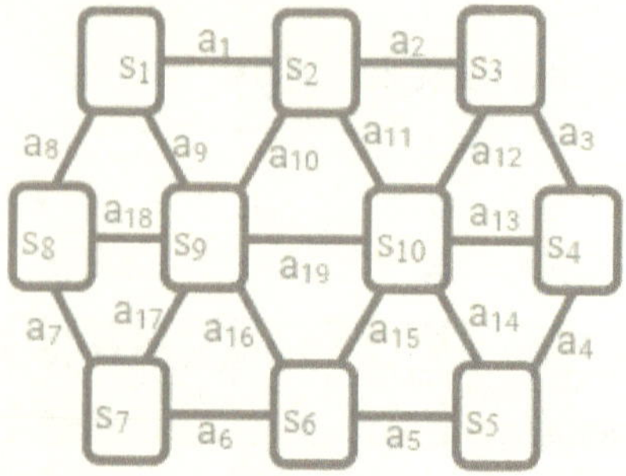

Figure 15 Exemple de représentation à base d'arêtes

La deuxième étape est de créer la table des données suivant un schéma précis.

Dans notre cas, nous allons choisir le schéma suivant où chaque arête est représentée par trois informations :

- La référence de son sommet de départ ;
- La référence de son sommet d'arrivé ;
- La référence de l'arête suivante dans la face à gauche de l'arête courante dans le sens sommet de départ vers sommet d'arrivée.

Partant de cette définition, nous pouvons créer notre table de simplexes :

Arête	Sommet de départ	Sommet d'arrivée	Arête suivante
a_1	s_1	s_2	-
a_2	s_2	s_3	-
a_3	s_3	s_4	-
a_4	s_4	s_5	-
a_5	s_5	s_6	-
a_6	s_6	s_7	-
a_7	s_7	s_8	-
a_8	s_8	s_1	-
a_9	s_1	s_9	a_{10}
a_{10}	s_2	s_9	a_{19}
a_{11}	s_2	s_{10}	a_{12}
a_{12}	s_3	s_{10}	a_{13}
a_{13}	s_4	s_{10}	a_{14}
a_{14}	s_{10}	s_5	a_4
a_{15}	s_{10}	s_6	a_5
a_{16}	s_9	s_6	a_{15}
a_{17}	s_9	s_7	a_6
a_{18}	s_9	s_8	a_7
a_{19}	s_9	s_{10}	a_{11}

Tableau 2 Exemple de table des simplexes pour une structure à base d'arêtes

Comme nous pouvons le constater cette fois-ci, la taille de cette table est fixe. C'est pourquoi, une allocation dynamique des espaces n'est plus indispensable lors de la programmation de telles structures. Asymptotiquement, le nombre d'arête dans une forme géométrique de *n* sommets est égal à *3n*, ce qui induit un coût de représentation globale de *9n* références pour une forme contenant *n* sommets.

Structure de données à base de facettes

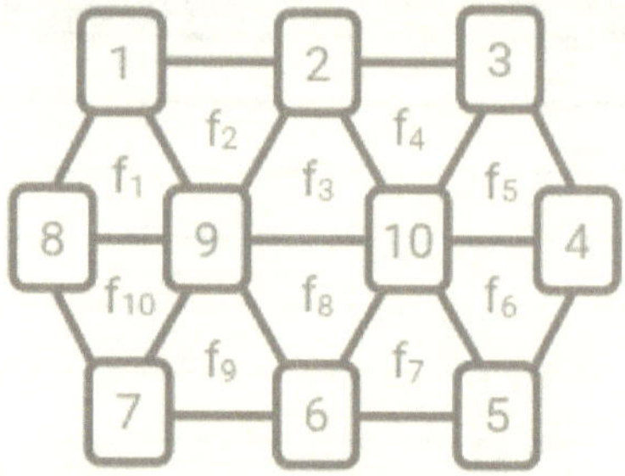

Figure 16 Exemple de représentation à base de sommets

Pour pouvoir représenter l'exemple à base d'arêtes, nous devons commencer par numéroter ces facettes. La numérotation des facettes ne suit pas de normes, pratiquement, l'ordre est défini par la construction de ces facettes dans la structure, ou la lecture du fichier de données pour une structure statique.

La deuxième étape est de créer la table des données suivant un schéma précis. Dans notre cas, nous allons choisir le schéma suivant où chaque facette est représentée par trois informations qui sont les références de ses trois sommets.

Partant de cette définition, nous pouvons créer notre table de simplexes illustrée dans le Tableau 3.

Comme nous pouvons le constater cette fois-ci aussi, la taille de cette table est fixe. C'est pourquoi, une allocation dynamique des espaces n'est plus indispensable lors de la programmation de telles structures.

Asymptotiquement, le nombre de facettes dans une forme géométrique de *n* sommets est égal à *2n*, ce qui induit un coût de représentation globale de *6n* références pour une forme contenant *n* sommets.

Facette	Sommet 1	Sommet 2	Sommet 3
f_1	s_1	s_8	s_9
f_2	s_2	s_1	s_9
f_3	s_2	s_9	s_1
f_4	s_2	s_{10}	s_3
f_5	s_3	s_{10}	s_4
f_6	s_4	s_{10}	s_5
f_7	s_{10}	s_6	s_5
f_8	s_{10}	s_9	s_6
f_9	s_9	s_7	s_6
f_{10}	s_9	s_8	s_7

Tableau 3 Exemple de table des simplexes pour une structure à base de facettes

Accès aux simplexes

Dans cette section, nous allons voir comment peut-on accéder aux différents simplexes dans une forme géométrique à travers chacun des trois représentations illustrées dans ce chapitre. Pour ce faire, nous allons adopter un pseudo-langage basé objet pour pouvoir parcourir notre structure :

Les simplexes sont des objets nommés comme suit :

- s_1, s_2, s_3... pour les sommets ;
- a_1, a_2, a_3... pour les arêtes ;
- f_1, f_2, f_3... pour les facettes ;

Dans la structure à base de sommets, les sommets donnent accès à ce qui suit:

- Leurs degrés par l'opérateur *->d* ;
- Leurs listes de voisins par l'opérateur *->v[i]*.

Dans la structure à base d'arêtes, toutes les arêtes donnent accès à ce sui suit:

- Leurs sommets de départ par l'opérateur *->sd* ;
- Leurs sommets d'arrivée par l'opérateur *->sa* ;
- Leurs arêtes suivantes par l'opérateur *->as*.

Dans la structure à base de facettes, les facettes dans la structure donnent accès à :

- Leurs sommets par l'opérateur *->s[i]*.

Les tables de simplexes sont accessibles par les identifiants : *sommets*, *arêtes*, et *facettes* ; indexés comme suit : *sommets[i]*, *arêtes[i]*, et *facettes[i]*.
Les indexes des tables et des listes sont délimités par *1* et *nbrsimplexes* (soient : *nbrsommets*, *nbrarêtes* et *nbrfacettes*).
Nous définissons également la fonction *suiv* qui permet de passer de l'index à l'index suivant dans une même facette comme suit :

```
suiv (1) = 2
suiv (2) = 3
sui v(3) = 1
```

a. Comment peut-on énumérer tous les sommets autours d'un sommet donnée *s* ?

Structure à base de sommets

```
pour i=1 à s->d faire
  écrire s->v[i]
fin pour
```

Structure à base d'arêtes

```
pour i=1 à nbrarêtes faire
  si (arêtes[i]->sd = s) alors écrire arêtes[i]->sa fin si
  si (arêtes[i]->sa = s) alors écrire arêtes[i]->sd fin si
fin pour
```

Structure à base de facettes

```
▪ soit liste_sommet
▪ pour i=1 à nbrfacettes faire
▪   pour j=1 à 3 faire
▪     si (facettes[i]->s[j] = s) alors
▪       liste_sommets ← facettes[i]->s[suiv(j)]
▪       liste_sommet ← facettes[i]->s[suiv(suiv(j))]
▪     fin si
▪   fin pour
▪ fin pour
▪ éliminer les redondances dans liste_sommets
```

b. Comment accéder aux sommets d'une facette donnée *f* ?

Structure à base de sommets

▪ Simplexe « facette » non défini !

Structure à base d'arêtes

▪ Simplexe « facette » non défini !

Structure à base de facettes

```
▪ pour i=1 à 3 faire
▪   écrire f->s[i]
▪ fin pour
```

c. Comment accéder aux voisins d'une facette donnée *f* ?

Structure à base de sommets

▪ Simplexe « facette » non défini !

Structure à base d'arêtes

▪ Simplexe « facette » non défini !

Structure à base de facettes

```
▪ pour i=1 à nbrfacettes faire
▪   # commun renvoie le nombre de sommets communs entre deux facettes.
▪   si commun(facettes[i],f) = 2) alors écrire i
▪ fin pour
```

4. Comparaison

Nous trouvons dans la littérature une panoplie de schémas pour la représentation des structures géométriques dans les trois catégories citées ci-dessus. A titre comparatif, nous pouvons résumer les différences entre ses schémas dans le tableau suivant :

Type de structure	À base de sommets	À base d'arêtes	À base de facettes
Type de forme géométrique	Tous	Tous	Triangulaires ou quadrangulaires
Accès aux simplexes	Nécessité de définir les simplexes d'ordre supérieur	Nécessité de définir les simplexes d'ordre supérieur	Accès directe
Complexité d'accès aux simplexes	Linéaire	Linéaire pour les faces	Temps constant
Domaine d'application	Maillages, mécanique et physique, simulations	Maillages, mécanique et physique	Maillage et remaillage, Graphisme
Coût de représentation	Réduit	Moyen	Moyen

Tableau 4 Tableau comparatif entre les structures de données géométriques

VI. L'IMMERSION VISUELLE

L'utilisation du sens visuel est quasiment indispensable en réalité virtuelle. Les dispositifs n'exploitant pas la vision sont extrêmement rares. Le progrès informatique en termes de puissance de calcul et de traitement en temps réel a permis la génération d'images tridimensionnelles de plus en plus fines et de qualité. Les images photoréalistes sont de plus en plus proches des images réelles, et l'utilisation des interfaces visuelles autres que les écrans permettent des immersions complètes et totales.

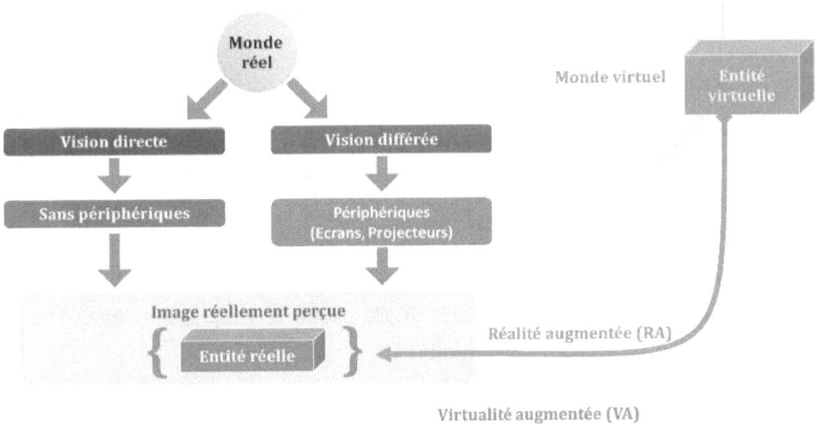

1. L'immersion du regard

Le but à atteindre dans un système de réalité virtuelle est que l'utilisateur voit toujours le monde virtuel là où il tourne la tête ou dévie le regard. C'est ce que nous appelons l'immersion du regard. Cette immersion peut être :

Une immersion totale :
Les mouvements pour lesquels la perception du monde virtuel est définie ne sont pas limités dans l'espace, le degré de liberté est maximal.
Une immersion partielle :
Les mouvements pour lesquels la perception du monde virtuel est définie sont limités dans l'espace.
Pour qu'une interface visuelle réalise l'immersion souhaitée, elle doit offrir quatre capacités :

1. Un grand champ de vision : Couvrant tout le champ de vision humain.
2. Une vision stéréoscopique : offrant la perception tridimensionnelle des objets.
3. Une haute résolution graphique : offrant une bonne qualité de l'image.
4. Une immersion dynamique du regard : tirant profit des capteurs localisant les positions de l'utilisateur.

Les interfaces visuelles sont conçues pour atteindre ces objectifs et arriver à réaliser l'immersion du regard souhaitée. Ces interfaces sont soit à support fixe ou à support mobile.

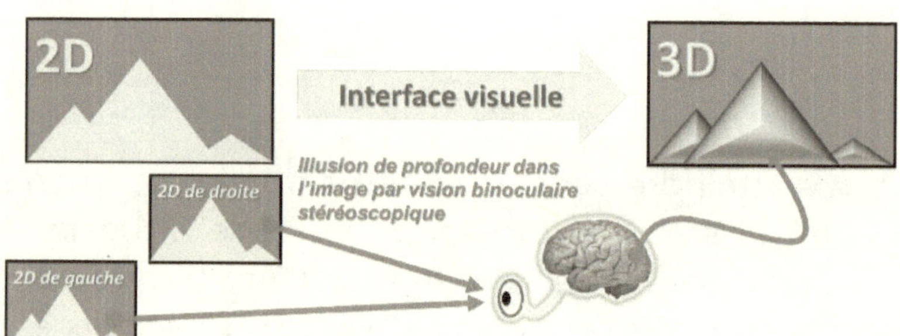

2. Les interfaces visuelles à support fixe

Parmi les interfaces à support fixe nous pouvons citer :

Les visiosalles (ou CAVE, voir section 0) constituées de salles dans lesquelles les images sont projetées sur les murs et le plafond. Les utilisateurs sont munis de lunettes différenciant les images de gauche et de droit pour permettre la stéréovision.

Les visiobureaux qui sont des plans de travail pour l'ingénierie tridimensionnelle.

Les écrans de différents types qui font l'objet de ce chapitre.

Les écrans monoscopiques

Un écran d'ordinateur classique (monoscopique) est souvent utilisé pour différents domaines proches à celui de la réalité virtuelle : Jeux vidéo, CAO, téléopération et télévirtualité. Mais sa capacité à produire une immersion de qualité reste retreinte ce par son incapacité à produire la vision tridimensionnelle nécessaire à la perception de la profondeur du monde virtuel.

Les écrans stéréoscopiques

L'objectif souhaité dans ce type d'interfaces est de produire pour chaque œil une image différente de l'autre. L'écran doit alors séparer du signal deux images distinctes, cette séparation peut se faire à deux niveaux :

- Séparation au niveau de l'écran lui-même.
- Séparation au niveau des lunettes.

Ecran autostéréoscopique avec illumination :

L'écran autostéréoscopique avec illumination est un écran construit par deux plans superposés :

- Un premier plan constitué d'un écran à cristaux liquides ;
- Juste derrière ce premier plan : des fines colonnes illuminées séparées entre elles par des zones sombres (une colonne de lumière pour deux colonnes de pixels de l'écran à cristaux liquides).

Chaque colonne de lumière est espacée de telle façon qu'un observateur dans une bonne position voit celle-ci à travers la colonne paire de pixels avec son œil gauche, et à travers la colonne impaire de pixels avec son œil droit. Il reste à noter que les pixels ne sont visibles dans ce dispositif que s'ils sont éclairés.

Ecran autostéréoscopique à réseaux lenticulaires :

L'écran est couvert d'un réseau lenticulaire (un plan de lentilles demi-cylindriques d'axes parallèles aux colonnes de l'écran). Celles-ci ont des caractéristiques optiques qui impliquent que chaque œil de l'utilisateur voit des colonnes différentes de pixels, correspondant à deux images différentes.

Derrière chaque lentille cylindrique, on a pour chaque œil 1, 2 ou 4 colonnes de pixels. S'il y en a plusieurs, en déplaçant légèrement la tête, l'observateur voit la scène affichée en continu sous différents points de vue.

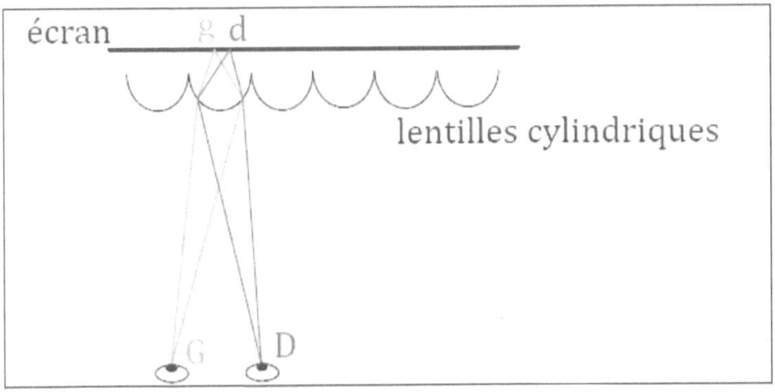

Figure 17 Principe de fonctionnement d'un écran autostérioscopique à réseaux lenticulaires

La séparation par différentiation colorimétrique :

C'est un procédé très ancien et bien connu utilisant des lunettes bicolores (procédé anaglyphe). Il permet facilement de créer sur un écran une vision stéréoscopique.

Chaque œil ne voit qu'une des deux images de couleur différente, rouge et cyan (la couleur complémentaire du rouge), grâce à deux filtres sur la paire de lunettes.

Pour rappel :

Deux couleurs sont complémentaires lorsque leur mélange annule la perception de couleurs produisant un gris neutre. Par exemple, pour un codage des couleurs entre 0 et 1, le complément du rouge est la couleur ayant le code (1-r) qui est le cyan.

La séparation par lunettes à obturateurs électroniques (Lunettes actives) :

Ces lunettes sont composées de deux écrans à cristaux liquides qui obturent alternativement 60 (ou 50) fois par seconde chaque œil, pendant que le moniteur affiche les images à la fréquence de 100 hertz.

Pour synchroniser les obturateurs avec l'affichage du moniteur, la synchronisation est transmise soit par un câble reliant les lunettes au moniteur (dispositif à faible coût), soit par des liaisons infrarouges (solution plus souple d'emploi).

La séparation par lunettes polarisantes (lunettes passives) :

Il y a deux techniques pour la polarisation au niveau de l'écran :

- **Le multiplexage temporel :** Devant le moniteur est placé un écran permettant une polarisation de la lumière différente dans le temps pour chaque couple d'images stéréoscopiques. Avec des lunettes ayant deux filtres ne permettant que la transmission de l'image désirée pour chaque œil, l'observateur voit les images en relief.

Pour rappel :

Le multiplexage consiste à passer plusieurs informations dans le même support. Lorsque le départage entre les informations est réalisé en fractions de temps, nous parlons de multiplexage temporel. Par contre, lorsque le départage n'est pas dans le temps, mais dans la fréquence, nous parlons de multiplexage fréquentiel.

- **Le multiplexage spatial :** Alternativement une ligne sur deux de l'affichage est polarisée différemment. Avec une paire de lunettes polarisante, chaque œil ne voit qu'une ligne sur deux de l'écran correspondant à la bonne image stéréoscopique.

3. Les interfaces à support mobile

Parmi les interfaces à support mobile, nous citons les visiocasques qui peuvent réaliser des immersions totales lorsqu'ils englobent le regard complet de l'utilisateur, ou des immersions partielles lorsqu'ils sont des simples visio-lunettes ou des casques semi-transparents.
Le diagramme de la Figure 19 récapitule les spécifications techniques pour chaque contrainte exigée sur la performance des visiocasques.

Les visiocasques à smartphone

Il s'agit ici d'une technologie simple à visé commerciale à coût faible. Le principe est simple : Un smartphone qui affiche une vidéo en format 3D immersif (Voir la section 3) est placé dans une boite muni de deux lentilles ajustables en position ; La boite (appelée boite de réalité virtuelle, en anglais *VR Box*) est placée comme un casque en face des yeux ; Et enfin, les lentilles font le reste en créant la vision stéréoscopique procurant l'illusion de la vision tridimensionnelle à l'utilisateur (Voir Figure 18).

Figure 18 Schéma descriptif de visiocasque à smartphone composé de : Boite noire ; Un téléphone diffusant une vidéo immersive ; Un cache de la boite noire contenant deux lentilles pour visualiser la vidéo.

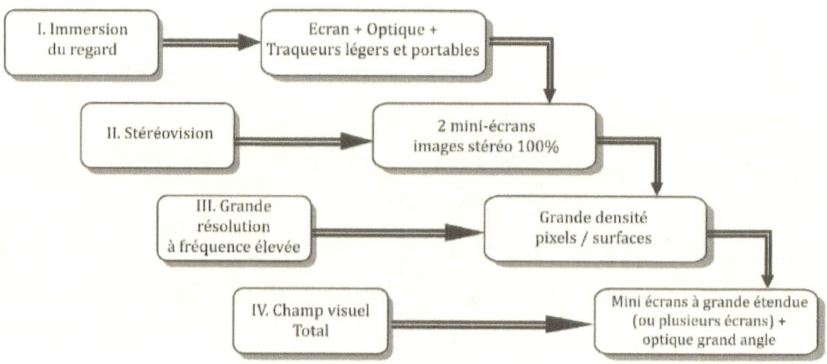

Figure 19 Spécifications techniques des contraintes sur les visiocasques

VII. L'IMMERSION HAPTIQUE

La représentation du monde virtuel ne peut engendrer une immersion que lorsqu'elle est dynamique. Une représentation statique impalpable et sans localisation de position ni retour d'information ne peut offrir une interaction correct.

Nous avons à cet effet deux aspects à prendre en considération:

- Localiser la position et la posture de l'utilisateur par le système.
- Permettre l'action de l'utilisateur sur les objets du monde virtuel.

Les interfaces haptiques implémentent les techniques permettant de réaliser cette interaction entre le monde virtuel et l'utilisateur dans les deux sens.

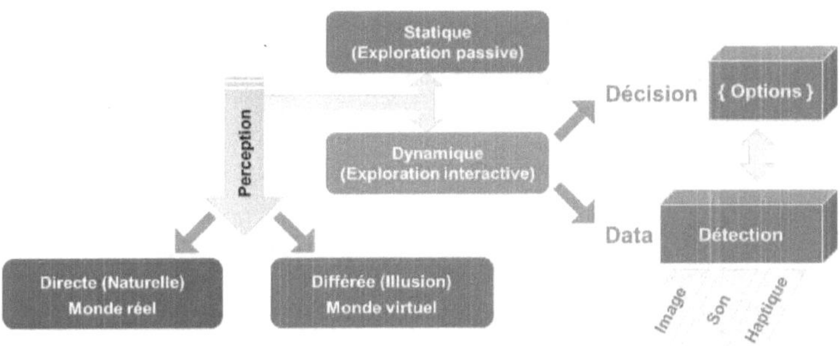

4. Les interfaces à retour d'effort

Pour ce type d'interface, l'effort est appliqué sur les muscles pour transmettre une information globale sur les forces de contact entre elles et l'objet virtuel.

Le but de ces interfaces à retour d'effort étant de :

- Appliquer des efforts variables sur la personne (la partie en contact avec le monde virtuel comme la main).
- Résister partiellement aux mouvements de la personne.
- Empêcher un mouvement de la personne.

Comme :

- Simuler le poids d'un objet virtuel tenu par la main;
- Simuler l'enfoncement de la main dans un corps déformable ;
- Simuler un obstacle fixe virtuel sur le parcours de la main.

Les efforts sont donc transmis par contact : La loi de la statique entre l'action et la réaction impose que tout solide en contact avec le corps de l'utilisateur soit aussi en contact ailleurs.

Selon le type de l'ergonomie de l'interface, nous pouvons distinguer deux types d'interfaces à retour d'effort :

Interfaces à retour d'effort à réaction interne :

Comme un gant de données (voir section 0) à retour d'effort par exemple. Il permet une plus grande liberté de mouvement, mais a pour inconvénients le poids du mécanisme non compensable et l'encombrement autour du corps. Ce qui nécessite plus de travail pour bloquer la perception de contradiction avec le monde réel.

Interfaces à retour d'effort à réaction externe :
Comme une manette sur table de travail par exemple. La liberté de la main est limitée, mais l'encombrement est moindre.
Techniquement, il y aura toujours des pièces mécaniques autour du corps. La réalisation d'une interface à retour d'effort universelle ne sera peut-être jamais possible.
L'encombrement des pièces ou la limitation des mouvements impliquera toujours des contraintes de fonctionnement pour l'utilisateur. Sur un autre volet, la sécurité lorsque les retours de force virtuels appliquent des forces réelles à la main est beaucoup plus importante à considérer.

5. Les interfaces à sensibilité cutanée

Ce sont des interfaces qui procurent des stimuli tactiles, avec efforts répartis de faible intensité sur les parties du corps.
Ces interfaces peuvent être utilisées isolément ou avec les interfaces à retour d'effort.
Lorsque nous parlons de la sensibilité cutanée concerne, nous faisons références à la perception relative aux :

- Toucher (Contact entre la peau et les objets loin de l'effort et de son retour) ;
- Sensibilité à la pression ;
- Sensibilité aux vibrations ;

Il s'agit alors du sens tactile pris au sens large : Toutes les actions mécaniques sur la peau, englobant aussi la sensibilité thermique et la variation de température.

Ces interfaces informent l'utilisateur sur les effets du contact sous ses différentes formes :

- L'intensité des forces de contact et de glissement à la surface de contact ;
- L'aspect superficiel de l'objet : La forme locale de sa surface, sa matière et sa texture.

Ces interfaces, quel qu'il soit leur type, sont composées de censeurs qui doivent stimuler localement des petites surfaces dont le total génère la sensation de la sensibilité réelle.

Ces interfaces doivent être également légers, petits et le moins encombrant possible pour ne pas entraîner de fatigue pour l'utilisateur.

Pour répondre à ces critères, il n'y a pas de norme en matière d'architecture, les interfaces peuvent être conçue pour être portés par le sujet ou déposés sur une table avec l'ergonomie adéquate pour l'utiliser.

Les interfaces à retour thermique

Les sensations qui apparaissent lors d'un changement de température dépendent de la vitesse de changement, de l'étendue de la surface stimulée et de la température initiale. L'ordinateur commande une petite pompe à chaleur à effet Peltier pour simuler des variations de température.

La pompe à chaleur permet de transférer de la chaleur du côté froid (l'air ambiant) au côté chaud (en contact avec la peau). L'ordinateur peut donc réguler en boucle fermée la température et d'une façon efficace en élévation ou en baisse car la pompe à chaleur est réversible (45-67 degrés).

Le temps de réponse est très petit, de l'ordre du centième de seconde et les petites dimensions de l'interface permettent de la placer à l'extrémité d'un doigt. La pompe à chaleur est commandée par l'ordinateur via une liaison qui régule la température.

Les interfaces à retour tactile

Les interfaces à retour tactile sont des interfaces sensorielles qui permettent de stimuler la peau de la personne. Nous employons le terme retour car dans les applications de téléopération et de Réalité Virtuelle, les stimuli tactiles sont en général créés par l'ordinateur en retour à une action motrice de la personne.

Les principes physiques de ces interfaces sont basés sur la pression pneumatique, sur les vibrations de bobines, sur les matrices d'aiguilles ou sur les manettes à retour tactile. Des essais ont été aussi effectués avec des biocapteurs qui envoient des impulsions électriques sur la peau simulant le contact.

Le retour tactile pneumatique :

L'air sous pression est fourni par un petit compresseur. La pression n'étant pas très élevée, cette interface procure des sensations de toucher et de pression sur la peau. En gonflant le ballon dans la paume de la main à plus haute pression (2 bars environ), on peut bloquer le mouvement de la main.

Le retour tactile à matrice d'aiguilles :

Une autre technique consiste à utiliser des plaquettes de matrices d'aiguilles qui sont actionnées par des fils en alliage à mémoire de forme et viennent à la rencontre des doigts. Ces fils en alliage de nickel et de titane (appelé aussi *Nitinol*) ont la particularité de se

raccourcir quand on les monte en température, ce qui leur permet de prendre une forme mémorisée.
En les chauffant légèrement électriquement, leur variation de dimension permet d'appliquer de petites forces, non négligeables par rapport à la dimension de ces actionneurs. Les ordres de grandeur sont les suivants : avec un courant de 3 volts et de 0,2 ampère, le fil de 15 grammes passe d'une longueur de 10 à 9,6 cm et créé une force de 1,3 Newton.
On peut ainsi simuler plusieurs points de contact sur un seul doigt. Les aiguilles sont suffisamment fines pour stimuler une petite partie de la peau avec une faible force pour ne pas atteindre le seuil de la douleur. Suivant la position des aiguilles actionnées sur la matrice, on peut simuler une surface en contact, une arête ou seulement un coin d'un objet. Une sensation vibratoire peut être obtenue également par passage et extinction répétés du courant électrique.

Le retour tactile à vibrations :

Pour un retour de vibrations, on peut employer des bobinages électriques, comme celles utilisées dans les haut-parleurs. En excitant ces bobines à une fréquence (100 à 250 Hz) avec amplitudes variables, on applique des vibrations à la peau. Ces bobines sont normalement en contact avec l'extrémité des doigts et ne donnent qu'une seule information homogène sur la peau.
Les retours de vibrations peuvent servir à la simulation d'une pièce virtuelle en train de vibrer mais peuvent servir comme information symbolique. Elles demandent peu de puissance électrique. Néanmoins, elles sont bruyantes et relativement coûteuses.

Nous pouvons aussi noter le cas particulier du siège vibrant dont l'objectif est de fournir des mouvements oscillants et des sensations tactiles sur une grande partie du corps et non plus sur la main.

VIII. L'OUÏE OU L'IMMERSION SONORE

Le son est une partie intégrante du monde réel. Il est riche en information et provient de plusieurs endroits : il est donc tridimensionnel.

Le son 3D est la clé pour produire un environnement de réalité virtuelle réaliste. Il joue différents rôles dans les environnements virtuels produisant ainsi :

Des informations complémentaires :

Les échos et les réflexions du son donnent des informations sur l'orientation des objets, leurs directions, et leurs distances, ainsi que les dimensions des environnements (les résonnances dans un grand amphithéâtre sont différents que celles dans un petit bureau).

Les sons permettent aussi une bonne immersion dans l'espace : Ceux venus de l'extérieur du champ visuel décrivent des espaces non vus. Ils décrivent aussi les propriétés des objets dans le monde virtuel : Les sons diffèrent selon les natures des surfaces, et les caractéristiques physiques des objets.

L'interactivité de l'interface :

Les sons constituent une partie intégrante de tout système d'interfaçage homme-machine. Ils peuvent être des réponses à des commandes ou des alertes et avertissements du système ou de la scène virtuelle.

Modalité d'interaction alternative :

Les sons peuvent représenter également des canaux de représentation à part entière utilisant la reconnaissance vocale, et la synthèse des sons.

1. Enregistrement et reproduction des sons 3D

Ils existent trois méthodes pour acquérir le son en vue de le reproduire dans les scènes virtuelles. Ces méthodes diffèrent de par leurs moyens et protocoles d'enregistrement.

Enregistrement monaural :

En utilisant un seul microphone, sans aucune information sur la position du son.

Enregistrement Stéréo :

En utilisant deux microphones distants. L'information contient la position du son (direction et source qui sont généralement perçus dans la tête de l'auditeur !).

Enregistrement binaural :

Cet enregistrement semble plus réel. Les microphones simulant les propriétés de capture des oreilles sont placés sur une tête imaginaire. Les sons sont filtrés par des HRTF pour générer des sons réalistes.

2. Synthèse des sons 3D

La synthèse consiste à traiter le signal sonore pour produire des sons réalistes suivant les positions des sources, les dimensions des environnements, ainsi que les autres caractéristiques physiques.

Cette synthèse doit respecter les contraintes techniques liées à l'immersion comme le rendu en temps réel, la fidélité à l'amplitude et à la nature des sons, et le respect des propriétés physiques du temps et de l'espace.

Le rendu sonore :

Le rendu sonore est souvent utilisé pour accompagner les animations. Les sons généralement sont associés aux différents objets. Ces sons sont soit échantillonnés, soit générés artificiellement. Ce rendu considéré comme un pipeline à quatre niveaux :

1. Génération de chaque son associé à un objet séparément des contraintes de l'environnement ou de l'espace.
2. Association des sons aux mouvements des objets en tenant compte des distances et des propriétés de l'environnement.
3. Calcul des convolutions nécessaire à la description des sources sonores dans la scène.
4. Association des convolutions aux différentes sources sonores pour produire la scène sonore finale.

La technique exploite la similarité entre la lumière et le son pour calculer les convolutions. La source propage les ondes sonores dans toutes les directions. Ces ondes sont reflétées et réfléchies et réfractées suivant l'environnement acoustique. Les ondes interagissent avec plusieurs objets dans la scène. Le son final est l'intégral de tous les signaux associés aux différents trajets entre la source et l'auditeur. La contrainte majeure qui reste un défi à relever pour tout concepteur est la limite de calcul en temps réel, notamment pour les scènes les plus complexes.

Approximation 3D :

Cette approximation consiste vise à augmenter la perception de l'immersion, elle est résumée en quatre étapes :

1. Récolte des informations sur le trajet Source – Utilisateur (Milieu, obstacles).
2. Traiter les sons émis par des algorithmes simples, ou des effets sonores classiques.
3. Les écouteurs sont utilisés pour jouer le son final suivant la position de l'utilisateur en offrant le rendu en stéréo.
4. Positionnement des haut-parleurs : Dans les cas des systèmes de réalité virtuelle à faible coût.

3. Les systèmes sonores pour la RV

Un système sonore pour la réalité virtuelle est un pipeline à différents niveaux satisfaisant certains critères dont nous citons les plus cruciales :

Localisation 3D :

Calcul les positions des sources des sons virtuels correspondant aux objets virtuels associés.

Simulation acoustique :

Pour percevoir les propriétés spatiales du monde virtuel comme les dimensions de la salle, et les propriétés de réflexion des murs.

Temps de traitement :

Le compromis à gérer entre le réalisme des sons (tenant en compte les propriétés physiques des matériaux), et le traitement en temps réel est très difficile à gérer.

4. Les périphériques du son

L'implantation matérielle des sons peut être classifiée en:
Playback :

- Haut-parleurs : mieux adaptés à CAVE, moins cher, mais sensibles aux réflexions et aux obstacles.
- Ecouteur (oreillettes) : Contrôle spatial (deux sons différents), et le son est direct (pas de réflexion).

Haut-parleurs multiples :
Pour simuler l'ouïe naturelle : plusieurs sons, de différentes intensités, pour générer des sons « naturels ».

5. La fonction de transfert relative à la tête (Head-Related Transfer Function HRTF)

Il s'agit ici d'un filtre capable de caractériser mathématiquement la position de la source sonore suivant la position de la tête de l'utilisateur et les transformations apportées aux sons par sa tête, ses pavillons, et ses conduits auditifs.
Pratiquement, les sons sont capturés par des petits microphones placés sur les oreilles. Ces sons sont comparés avec les sons originaux (des sources sonores) pour calculer les filtres HRTF associés.
Principe de la fonction :
Le son dans un espace libre atteint les oreilles après des interactions avec la structure anatomique : Il est diffracté et réfléchi par le torse, la tête, le pavillon et les

conduits auditifs (voir Figure 20). Le son binaural résultant contient une variété de types d'informations de localisation telle que la ITD, la ILD et l'information spectrale :

ITD : *Interaual Time Difference*, qui représente la différence temporale de perception entre les deux oreilles.

ILD : *Interaural Level Difference*, qui représente la capacité des neurones sensitives à différencier les stimuli des deux oreilles séparément. Cette propriété permet de mettre à l'ombre (en arrière-plan) les sons capturés.

Pour rappel :

La localisation sonore consiste à l'habilité de l'écouteur à identifier la position ou l'origine du son perçu dans sa direction et distance.

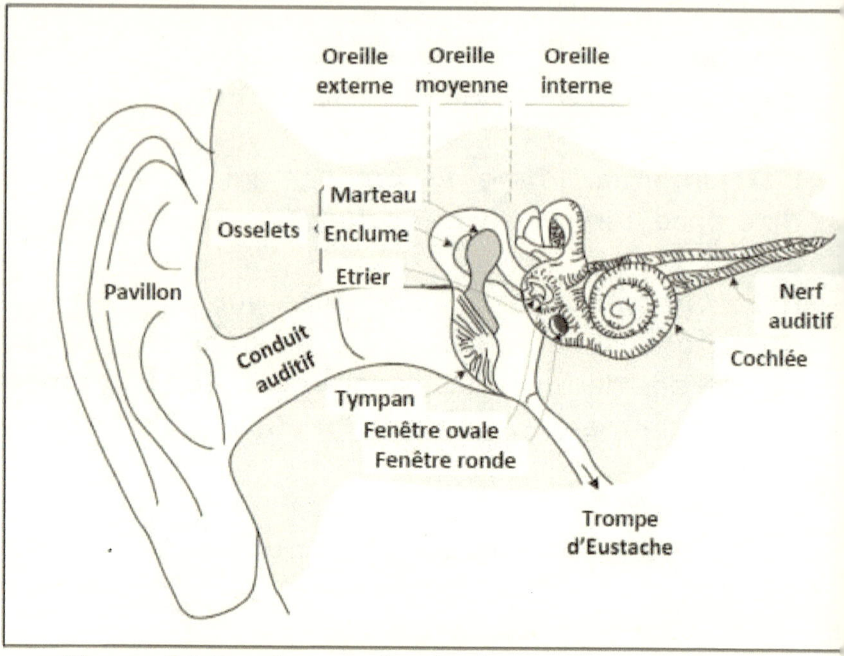

Figure 20 Section sagittale du système auditif périphérique humain

La fonction de transfert relative à la tête (HRTF) décrit les effets de filtrage imposés par la structure anatomique modérés par les données de localisation. De ce fait, la fonction de transfert est spécifique à chaque individu en réalité. La reproduction synthétique se base sur une modélisation générique tenant compte les capacités moyennes humaines.

IX. Normes et formats

Comme la réalité virtuelle est omniprésente dans notre vie quotidienne et dans tous les produits technologiques de nos jours, chaque fournisseur présente un côté RV plus ou moins élaboré dans sa nomenclature. Nous découvrons dans ce chapitres quelques standards de la matière.

1. La norme RV dans le WEB : VRML

Le VRML est un acronyme pour désigner *Virtual Reality Markup Langage*. C'est un langage (ou plutôt un script) pour décrire des scènes virtuelles bidimensionnelles, tridimensionnelles ou plus, avec ou sans du son, sur la machine.

Il est multiplateforme et permet la publication des scènes tridimensionnelles sur le web en définissant ainsi un canal de communication standard en matière de réalité virtuelle. VRML est:

- Simple à écrire et à utiliser.
- Optimal en termes de ressources mémoire et processeur.
- Modulaire : Des modules crées peuvent être réutilisés pour bâtir de nouveaux projets ou intégrer d'autres scènes.

Les fichiers VRML portent l'extension *wrl* (**.wrl* venant de *world*). Pour les visualiser nous avons besoin de visualiseurs à part ou de modules et extensions disponibles dans les explorateurs du web.

Description de scènes dans VRML

Les scènes virtuelles dans les scripts VRML sont décrites par une hiérarchie dans un fichier *wrl*. Les entités de base dans le script sont appelées nœuds (54 nœuds différents). Ces nœuds enregistrent leurs données dans des champs (20 champs différents). Ces champs peuvent être à valeurs scalaires ou vectorielles.

Structure d'un fichier *wrl*

Un fichier *wrl* est structuré comme suit :

Entête : Pour préciser au navigateur la nature du fichier et la version (*1.0* ou *2.0*) ainsi que le jeu de caractère utilisé (*UTF8* par exemple).

Commentaires (Optionnels) : précédés par #

Nœuds : Introduit par le type (Commençant par une lettre majuscule) suivi d'une paire d'accolades contenant la définition du nœud.

Les distances dans VRML

- Les distances : en mètre.
- Les angles : en radian.
- Le temps : en seconde.
- Les couleurs : sont exprimés dans le système R V B (rouge, vert, bleu).

Exemple de quelques champs

Le nœud *shape*

Ce nœud définit tous les objets (formes) visibles, il contient deux champs :

- appearance (Facultatif)
- et geometry (Obligatoire).

Le script suivant décrit un exemple simple d'utilisation du nœud shape :

- #VRML V2.0 utf8
- # example.wrl
- Shape {
-     appearance NULL
-     geometry NULL }

Le champ *geometry* peut prendre l'une de ces valeurs relatives aux différents objets manipulables en VRML :

- Box | Cone | Cylinder | ElevationGrid |Extrusion | IndexedFaceSet | IndexedLineSet | PointSet | Sphere | Text

Le champ *appearance* spécifie les caractéristiques visuelles de l'objet à tracer. Le script suivant en est un exemple simple :

- Appearance {
- material NULL
- texture NULL
- textureTransform NULL }

Le nœud *material*

Commençant par ce script qui illustre une scène simple :

```
▪ #VRML V2.0 utf8
▪ #sample vrml file
▪ DEF cube Box { size 2 2 2 }
▪ DEF cone_ Cone { bottomRadius 1 height 2 side TRUE bottom TRUE }
▪ DEF cylindre Cylinder { radius 1 height 2 side TRUE bottom TRUE top TRUE }
▪ DEF sphere_ Sphere { radius 1 }
▪ Shape {
▪     geometry USE cube
▪     appearance Appearance {
▪        material Material {
▪         ambientIntensity 0.3
▪         diffuseColor 0.5 0.9 0.8
▪         specularColor 0 0 0
▪         emissiveColor 0 0 0
▪         shininess 0.9
▪         transparency 0
▪     }
▪   }
▪ }
```

Ce nœud permet de définir le matériau. Les paramètres sont soit des composantes de couleurs en RVB normalisées entre *0* et *1*, soit des coefficients également compris entre *0* et *1* :

- *diffuseColor* définit la couleur de l'objet, au sens le plus général du terme. Les lumières de la scène influent sur l'apparence de l'objet grâce à cette couleur, en fonction de l'angle de réflexion et de la lumière sur l'objet.
- *ambientIntensity* correspond à l'influence de la lumière ambiante de la scène sur l'objet. La lumière ambiante est aussi produite par les lumières de la scène, mais ne dépend pas des diverses réflexions (nous parlons de lumière isotrope).
- *specularColor* définit la couleur des rayons lumineux réfléchis sur la surface de l'objet et

renvoyés vers le point de vue de l'utilisateur. C'est ce qui sert à produire les reflets localisés sur des boules métalliques par exemple.

- *emmissiveColor* définit une couleur propre à l'objet, comme s'il était luminescent. C'est à dire qu'en l'absence de lumière, l'objet émet cette couleur.
- Les champs *shininess* et *transparency* définissent les effets liés à l'ombre et à la transparence des objets.

La syntaxe de DEF et USE :

Il est possible de réutiliser des nœuds précédemment décrits grâce aux directives *DEF* et *USE*.

La directive *DEF* permet d'assigner un identifiant (nom) à un nœud particulier. Par exemple, pour définir un « cube » de taille 3, nous pouvons utiliser la syntaxe suivante :

- DEF cube Box { size 3 3 3 }

Ensuite, au lieu de réécrire le nœud et l'ensemble de ses paramètres à chaque fois, nous pouvons simplement écrire :

- USE cube

L'appel à *DEF* exécute réellement le nœud en question. Il ne s'agit donc pas seulement d'une définition, car le nœud défini prend effet immédiatement.

Quelques exemples :

Dans ce qui suit, nous présentons quelques exemples que vous pouvez interpréter sur des visualiseurs VRML afin de vous familiariser avec le langage :

Exemple 1 :

```
▪ #VRML V2.0 utf8
▪ # example1.wrl - a yellow box
▪ Shape {
▪   geometry Box { }
▪   appearance Appearance  {
▪     material Material  {
▪       diffuseColor  1.0 1.0 0.0       # red, green, blue  }  }  }
```

Exemple 2 :

```
▪ #VRML V2.0 utf8
▪ # example1.wrl - a yellow box
▪ Shape {
▪   appearance Appearance  {
▪     material Material  {
▪       diffuseColor 0.3 0 0.4   }  }
▪   geometry Cone  {
▪     height 3.0
▪     # radius defaults to 1.0   }  }
```

Exemple 3 :

```
▪ #VRML V2.0 utf8
▪ # example1.wrl - a yellow box
▪ WorldInfo { title "yellow box" }
▪ NavigationInfo { type "EXAMINE"}
▪ Group {
▪  children [
▪   DEF base Transform {
▪    translation 0 -1.5 0
▪    children [
▪      Shape {
▪        appearance Appearance {
▪          material Material {
▪            diffuseColor 0.8 0 0 } }
▪        geometry Cylinder {
▪          height 0.75 } }
▪      DEF lowerArm Transform {
▪        center 0 -1.875 0
▪        translation 0 1.875 0
▪        children [
▪          Shape {
▪            appearance Appearance {
▪              material Material {
▪                diffuseColor 0 0.8 0 } }
▪            geometry Box {
▪              size 0.5 3 0.5 } }
▪          DEF upperArm Transform {
▪            center 0 0 -1
▪            translation 0 1.75 0.75
▪            children [
▪              Shape {
▪                appearance Appearance {
▪                  material Material {
▪                    diffuseColor 0 0 0.8
▪                    } }
▪                  geometry Box {
▪                    size 0.5 0.5 2 } }
▪              ] }
▪          ] }
▪      ] }
▪  ] }
```

2. Une nouvelle norme dans le WEB : x3D

Il s'agit ici d'un format de fichier graphique orienté 3D que le consortium Web3D a défini dans le but de succéder à VRML. La finalité reste la même que pour VRML, soit définir un format interopérable sur le WEB. Sa structuration est de type graphe de scènes exprimé soit :

- En syntaxe VRML classique ;
- En syntaxe XML ;
- En binaire.

Le fichier x3D (*extensible 3D graphics*) définit un graphe de scènes qui n'est d'autre qu'un graphe acyclique direct décrivant un monde virtuel tridimensionnel incluant les objets 3D et leurs interactions. Il est donc similaire à VRML, avec quelques ajouts propres à lui.

Parmi ces ajouts, nous pouvons citer *h-anim* qui est un standard pour définir les spécifications interchangeables pour les figures humanoïdes. C'est un standard introduit pour servir de base dans les animations et les jeux vidéo interactifs avec acteurs.

3. La vidéo stéréoscopique (vidéo 3D)

Appelé aussi vidéo immersive, il s'agit d'un format non spécifié commercialisé pour visualiser les vidéos utilisant les lunettes immersives (voir section 0).

Le principe est très simple, la vidéo est diffusée en double image gauche et droite, les deux images sont presque identiques, décalées de quelques pixels. Lorsque l'utilisateur regarde la vidéo avec les stéréos-lunettes à une distance suffisamment proche, les lentilles procurent la perception tridimensionnelle de la scène.

X. Conclusion

Cet ouvrage est destiné aux étudiants en master informatique et aux jeunes chercheurs intéressés par la réalité virtuelle et la simulation informatique. Il est également destiné au large public intéressé par les applications immersives, et qui veut acquérir les concepts théoriques qui sont à la base de cette discipline.

J'ai exposé dans cet ouvrage les grands axes de ce monde indissociable des technologies informatiques nouvelles qui est la réalité virtuelle, afin de procurer au lecteur une introduction au domaine et un guide pour des titres de recherche pour pouvoir approfondir les connaissances dans cette discipline.

A la fin de cet ouvrage, j'ai dressé une liste de références bibliographiques que j'ai utilisée pour élaborer ce travail et qui représente une bonne base pour approfondir les points dont le lecteur jugera intéressants à développer.

La réalité virtuelle ne cesse de prendre de l'espace dans notre vie quotidienne, au point où la virtualité s'imposera un jour à la réalité. Les concepts ne cesseront d'évoluer, et la littérature en relation se perpétuera.

XI. REFERENCES BIBLIOGRAPHIQUES

3D Video Communication: Algorithms, Concepts and Real-Time Systems in Human Centered Communication *[Livre] / éd. Schreer Oliver, Kauff Peter et Sikora Thomas. - [s.l.] : Wiley, 2005. - 978-0-470-02271-9.*

Artificial Life and Virtual Reality *[Livre] / aut. Magnenat Talmann Nadia et Daniel Thalmann. - [s.l.] : John Wiley & Sons, 1994.*

Artificial Life for Graphics, Animation, Multimedia, and Virtual Reality *[Conférence] // SIGGRAPH 98 Course 22 Notes / éd. Terzopoulos Demetri. - 1998.*

Audio Effects: Theory, Implementation and Application *[Livre] / aut. Reiss Joshua D. et McPherson Andrew P.. - [s.l.] : CRC Press, 2015. - 978-1-4665-6029-1.*

Augmented Reality, Where we will live *[Livre] / aut. Peddie Jon. - [s.l.] : Springer, 2017. - 978-3-319-54502-8.*

Designing Virtual Reality Systems. The Structured Approach *[Livre] / aut. Kim Gerard Jounghyun. - [s.l.] : Springer Science þ Business Media, 2005.*

Digital Representations of the Real World *[Livre] / éd. Magnor Marcus A. [et al.]. - [s.l.] : CRC Press, 2015. - 978-1-4822-4382-6.*

Digital Sensations *[Livre] / aut. Hillis Ken. - [s.l.] : University of Minnesota Press, 1999.*

Haptic Interaction *[Livre] / éd. Hiroyuki Kajimoto, Ando Hideyuki et Ki-Uk Kyung. - [s.l.] : Springer, 2015.*

Head-Related Transfer Function and Virtual Auditory Display *[Livre] / aut. Xie Bosun. - [s.l.] : J. Ross Publishing, 2013. - 2.*

Le Traité de la Réalité Virtuelle *[Livre] / aut. Association Française de la Réalité Virtuelle, Augmentée, Mixte, et de l'interaction 3D. - [s.l.] : Presses de l'Ecole des Mines, 2006.*

Learning Virtual Reality : Developing Immersive Experiences and Applications for Desktop, Web and Mobile [Livre] / aut. Parisi Tony. - [s.l.] : O'Reilly, 2015.

Les structures de données triangulaires compactes : Théorie et Application [Livre] / aut. Mebarki Abdelkrim. - [s.l.] : Editions Universitaires Européennes, 2013. - 978-613-1-56617-2.

Mathematics for Computer Graphics [Livre] / aut. Vince John. - London : Springer, 2017. - Cinquième édition. - 978-1-4471-7336-6.

Stepping into Virtual Reality [Livre] / aut. Gutiérrez A Mario A, Vexo Frédéric et Daniel Thalmann. - Lausanne : Springer, 2008.

Understanding Virtual Reality. Interface, Application, and Design [Livre] / aut. Sherman William R. et Craig Alan B.. - [s.l.] : Elsevier Science, 2003. - 1-55860-353-0 .

Virtual and Augmented Reality [Livre] / éd. Ezawa Kota. - [s.l.] : Citi GPS: Global Perspectives & Solutions , 2016.

Virtual Reality [Livre] / éd. Jae-Jin Kim. - Rijeka : InTech, 2001.

Virtual Reality [Livre] / aut. LaValle Steven M.. - [s.l.] : Cambridge University Press, 2017. - Disponible sur http://vr.cs.uiuc.edu/.

Virtual Reality - Human Computer Interaction [Livre] / éd. Tang Xin-Xing. - Rijeka : InTech, 2012. - 978-953-51-0721-7.

Virtual Reality & Augmented Reality in Industry. The 2nd Sino-German Workshop [Livre] / éd. Ma Dengzhe [et al.]. - [s.l.] : Springer, 2011.

Virtual Reality Technology [Livre] / aut. Burdea Grigore C et Coiffet Philippe. - [s.l.] : John Wiley, 2003. - Deuxième.

www.ingramcontent.com/pod-product-compliance
Lightning Source LLC
La Vergne TN
LVHW042051051026
849517LV00012B/917